Beiträge zur Kenntnis südasiatischer Sprachen und Literaturen

24

Herausgegeben von Dieter B. Kapp

2014

Harrassowitz Verlag · Wiesbaden

Klaus Mylius

Lehrbuch der Ardhamāgadhī

2014
Harrassowitz Verlag · Wiesbaden

Bibliografische Information der Deutschen Nationalbibliothek
Die Deutsche Nationalbibliothek verzeichnet diese Publikation in der Deutschen Nationalbibliografie; detaillierte bibliografische Daten sind im Internet über http://dnb.dnb.de abrufbar.

Bibliographic information published by the Deutsche Nationalbibliothek
The Deutsche Nationalbibliothek lists this publication in the Deutsche Nationalbibliografie; detailed bibliographic data are available in the internet at http://dnb.dnb.de

Informationen zum Verlagsprogramm finden Sie unter
http://www.harrassowitz-verlag.de

Kreuzberger Ring 7c-d, D-65205 Wiesbaden,
produktsicherheit.verlag@harrassowitz.de

Gedruckt auf alterungsbeständigem Papier.
Printed in Germany

ISSN 0948-2806
ISBN 978-3-447-10252-0

Inhaltsverzeichnis

Vorwort....................2
Abkürzungsverzeichnis....................3
Einführung: Zur linguistischen Position und der historischen Bedeutung der Ardhamāgadhī....................4
Teil I: Grammatischer Abriss....................8
Kapitel 1: Lautbestand....................8
Kapitel 2: Lautumwandlungen....................9
Kapitel 3: Deklination....................17
Kapitel 4: Konjugation....................31
Kapitel 5: Syntax....................38
Teil II: Textbeispiele....................41
Text 1: Dasaveyāliyasutta, Dumapupphiyā....................42
Text 2: Dasaveyāliyasutta I, 4 (Auszug)....................45
Text 3: Iṭṭhīpariṇṇā....................50
Text 4: Uvāsagadasāo VII (Auszug)....................56
Teil III: Glossare....................65
1. Glossar Ardhamāgadhī – Deutsch....................65
2. Glossar Deutsch – Ardhamāgadhī....................93
Literaturverzeichnis....................109
Index....................110

Vorwort

Eine in deutscher Sprache gehaltene Einführung in das Studium der AMg. gibt es bislang nicht – Grund genug, den Versuch zu machen, diese Lücke zu schließen.

Dieses Buch versteht sich nicht als Grammatik, sondern als Lehrbuch. Eine Grammatik ist deskriptiv und müsste bis ins letzte Detail gehen; ein Lehrbuch hat dagegen die Aufgabe, dem Benutzer / der Benutzerin einen Zugang zu der zu erlernenden Sprache zu öffnen. Mit anderen Worten: Es geht hier nicht um jede Regel und jede Ausnahme, sondern darum, Verwirrung durch eine Überfülle von Formen und Regeln zu vermeiden, das wirklich Wichtige hervorzuheben und es von weniger Wichtigem zu trennen.

Der Verfasser hofft, den Interessenten – Indologen, Linguisten und Religionswissenschaftlern – den steinigen Zugang zur Welt der mittelindischen Sprachen und damit zur Lehre des Jinismus ein wenig erleichtert zu haben.

Meinem hochgeschätzten Kollegen Prof. Dr. Dieter B. Kapp, der in langjährig bewährter Freundschaft auch diesen Text digitalisiert und damit publikationsreif gemacht hat, gilt wiederum mein ganz besonders herzlicher Dank. Danken möchte ich ihm außerdem für die fachlich überaus hilfreiche Durchsicht des Manuskripts.

Schließlich gebührt mein Dank dem Harrassowitz Verlag für die langjährige und auch diesmal bewährte Zusammenarbeit.

Goethe-Universität Frankfurt am Main
Institut für Vergleichende Sprachwissenschaft
Frühjahr 2014 Klaus Mylius

Abkürzungsverzeichnis

Abl.	Ablativ
Abs.	Absolutiv
Adj.	Adjektiv
Adv.	Adverb
Akk.	Akkusativ
Anat.	Anatomie
AMg.	Ardhamāgadhī
Astron.	Astronomie
bildh.	bildhaft
Bot.	Botanik
Buddh.	Buddhismus
Dat.	Dativ
Denom.	Denominativum
Des.	Desiderativum
f., fem.	Femininum
Fut.	Futurum
Gen.	Genitiv
Ger.	Gerundivum
Imper.	Imperativ
Impf.	Imperfekt
Ind.	Indikativ
Indekl.	Indeklinabile
Inf.	Infinitiv
Instr.	Instrumental
intr.	intransitiv
Jin.	Jinismus
Kaus.	Kausativum
Konj.	Konjunktion
Lit.	Literatur
Lok.	Lokativ
m., masc.	Masculinum
Med.	Medizin
n., neutr.	Neutrum
Nom.	Nominativ
Num.	Numerale, Zahlwort
Opt.	Optativ
Part.	Partizip
Pass.	Passiv
Perf.	Perfekt
Pers.	Person
Pl.	Plural
Pol.	Politik
PPP	Partizip Präteritum Passiv
Präp.	Präposition
Präs.	Präsens
Prät.	Präteritum
Pron.	Pronomen
Pron.dem.	Demonstrativpronomen
Pron.interr.	Interrogativpronomen
Pron.pers.	Personalpronomen
Psych.	Psychologie
s.	siehe
Sing.	Singular
Skt.	Sanskrit
tr.	transitiv
u.	und
vgl.	vergleiche
Vok.	Vokativ
Zool.	Zoologie

Einführung

Zur linguistischen Position und der historischen Bedeutung der Ardhamāgadhī

In erster Linie ist die AMg. die Sprache, in der der Jaina-Kanon überliefert wurde. Unter dem Eindruck der unbestreitbaren Gedankentiefe des Buddhismus wird oft übersehen, dass die Jaina-Lehre Gesichtspunkte aufweist, die dem Buddhismus gleichwertig oder gar überlegen sind – sofern es überhaupt gestattet ist, an religiös-philosophische Lehren Wertmaßstäbe anzulegen. Einige von ihnen sollen hier kurz skizziert werden. Es drängt sich zunächst die Frage nach der Kontinuität auf. Seine Anpassungsfähigkeit ließ den Buddhismus zur Weltreligion werden, machte ihn aber auch für Opportunismus und damit für exogene und endogene Wandlungen so anfällig, dass etwa Nirvāṇa und Sukhāvatī sich nicht nur graduell, sondern qualitativ grundlegend voneinander unterscheiden. Der Buddha des Theravāda hat mit dem späteren Demiurgen nur noch wenig gemein. Im Gegensatz dazu hat der Jinismus keine innere Wandlung durchgemacht. Alle seine religiösen und philosophischen Grundgedanken finden sich bereits in den ältesten Urkunden. Nachkanonische Werke ordnen und systematisieren den Stoff, bringen aber nichts substanziell Neues. Grundlegende innere Wandlungen, wie sie den Buddhismus umgestaltet haben, sind dem Jinismus erspart geblieben. Dadurch vermochte er seine Eigenständigkeit auch in einer hinduistischen Umwelt zu behaupten. Der Buddhismus ist dagegen in Indien selbst fast gänzlich erloschen; der Jinismus wiederum hat es nicht vermocht, zu einer Weltreligion zu werden.

Das Problem des Verhältnisses von Statik und Dynamik wird im Jinismus wesentlich realistischer als im Buddhismus ventiliert. Auch die Frage nach der Realität der Welt beantwortet der Jinismus wirklichkeitsnäher, denn die Welt ist ihm real und keineswegs ein Blendwerk oder Trugbild (*māyā*). Die Materie ist ewig, die Welt unerschaffen.

Unbestreitbar ist die Überlegenheit des Jinismus über den ursprünglichen Buddhismus in philosophischer Hinsicht. Gautama Buddha hatte alle Gespräche über Themen abgelehnt, die nicht unmittelbar der Erlösung dienen. Im Jinismus wird philosophischen Erörterungen nicht ausgewichen, und es herrschen dezidierte Vorstellungen zur Ontologie und Erkenntnistheorie.

Ebenso deutlich ist die Überlegenheit in Fragen der Organisation auf der Seite des Jinismus. Das Verhältnis der Ordensmitglieder zu den Laien war exakter konzipiert und konsequenter verwirklicht. Entscheidend war der Umstand, dass der jinistische Laienstand bis in die Gegenwart hinein eine Art Aufsicht über die Lebensführung der

Mönche ausübt. Diese „Kontrolle von unten" hat dem Orden des Jina – bei den Buddhisten war es vielfach anders – seine sittliche Höhe und Widerstandskraft bewahrt und seine Kontinuität auf dem indischen Subkontinent gewährleistet.

Aber auch gegenüber dem Hinduismus weist der Jinismus Gesichtspunkte auf, die hervorgehoben zu werden verdienen. Zunächst ist wiederum an die unvergleichlich größere Kontinuität des letzteren zu erinnern. Im Brahmanismus-Hinduismus dagegen wurden die Saṁhitās, Brāhmaṇas und Upaniṣaden nicht nur modifiziert, sondern in den Purāṇas und Tantras weitgehend umgestaltet. Im Jinismus ist die Welt unvergänglich und daher keinem periodischen Entstehen und Vergehen unterworfen. Und es sind nicht Götter, die als Religionsstifter wirken und Erlösung bringen, sondern Menschen. Heil und Erlösung erwirbt man nicht durch göttliche Gnade, sondern nur durch Arbeit an sich selbst.

Besonders beachtlich sind die Leistungen des Jinismus auf dem Gebiet der Philosophie. Sein Standpunkt ist der des relativen Pluralismus (*aṇegaṁtavāya*): In jedem Wesen, in jeder Substanz ist etwas Bleibendes und etwas Wandelbares vorhanden. Die Materie (*poggala*) besteht aus unendlich vielen, nicht mehr zerlegbaren Teilen. Das ist die älteste *Atomtheorie* in der Philosophie. Mit ihr haben die Jainas den Atomismus noch vor Leukipp (um 500 bis 400 v.Chr.) und hundert Jahre vor Demokrit (460-370) begründet. Bedeutende Denkleistungen haben die Jainas also auch in der *Ontologie* vollbracht. Als Beitrag zur *Erkenntnistheorie* haben die Jainas eine spezifische dialektische Methode entwickelt. Die Materie ist ewig, aber sie kann praktisch jede Form und Eigenschaft annehmen. Hieraus ergibt sich eben jene Methode (*siyāvāya*): Man kann von jedem Ding sagen, dass es ist (*atthi*), dass es nicht ist (*ṇatthi*), oder dass beides nicht zutrifft, dass es also unsagbar (*avattavva*) ist. Um weiter in die Gedankenwelt des Jinismus einzudringen, empfiehlt sich die Lektüre des grundlegenden Werkes von Helmuth von Glasenapp: *Der Jainismus* (Berlin 1925, letzte Neuauflage: Hildesheim 1984).

In der *Ethik* wurde die Lehre vom *karman* mit 148 *kamma*-Arten so weit ausgeführt wie in keinem anderen philosophischen System Indiens.

Will man beim Studium des Jinismus nicht allein auf die Sekundärliteratur angewiesen sein, ist die Kenntnis der Ardhamāgadhī-Sprache unverzichtbar. Sie gehört – im Unterschied zum altindischen Skt. – zu den mittelindischen Sprachen. Diese werden unter dem Begriff Prākr̥t zusammengefasst. Der Ausdruck bedeutet die „natürliche", das heißt die Volkssprache. Die dazu gehörenden Sprachen stehen aber zum Skt. nicht im Verhältnis wie etwa die romanischen Sprachen zum Latein; sie sind also keine Tochtersprachen des Skt. Vielmehr gehen sie auf bestimmte vedische Dialekte zurück. Man unterscheidet Alt-, Mittel- und Jung-Prākr̥ts. Die AMg. ist die wichtigste Sprache der Mittel-Prākṛts. Diese ist, worauf schon hingewiesen wurde, die Sprache der ältesten und wichtigsten Teile der heiligen Schriften der Jainas.

Gegenüber dem Skt. weisen alle Prākṛts, also auch die AMg., Züge des Abschleifens und der Vereinfachung auf. In der Grammatik ist die Zahl der Rektionen deutlich vermindert. Besonders typisch aber ist das Lautbild durch die vielfache, im Laufe der Zeit zunehmende Elision intervokalischer Verschlusslaute. Dadurch wächst die Zahl der Homonyme erheblich, worauf noch zurückzukommen sein wird.

Dennoch bleibt die Ähnlichkeit mit dem Skt. unverkennbar. Vielfach ist es möglich, eine Wort-für-Wort-Übersetzung aus dem Prākṛt in das Skt. vorzu-nehmen; dabei werden die Skt.-Wörter als *chāyā* („Schatten") bezeichnet. Für das Studium der AMg. ist daher eine einigermaßen gute Kenntnis des Skt. eine wichtige Voraussetzung. Es kann daher nicht dringend genug empfohlen werden, sich vor der Einarbeitung in die AMg. wenigstens elementare Kenntnisse in Skt. anzueignen.

Die AMg. hat mehr altertümliche Züge bewahrt als die meisten anderen mittelindischen Sprachen. Daher findet man über die AMg. einen Zugang zu den anderen Prākṛts, insbesondere zur Śaurasenī und zur Māhārāṣṭrī. In der AMg. wirken sowohl östliche (Māgadhī) als auch westliche Elemente. Als Mischsprache trägt sie die Bezeichnung Ardha-Māgadhī, also „Halb-Māgadhī" zu Recht, hat sie doch bestimmte Eigenheiten der Māgadhī konserviert, so im Nom. Sing. die Endung *-e*.

Die Auswahl an Lehrmaterialien zur AMg. ist nicht groß. Grundlegend für das Studium der mittelindischen Sprachen ist etwa das Standardwerk von Richard Pischel: *Grammatik der Prakrit-Sprachen* (Straßburg 1900, Nachdruck: Hildesheim und New York 1971), englische Übersetzung von Subhadra Jhā (Delhi 1965). Doch wäre es ein vergebliches Bemühen, auf der Basis dieses großartigen Werkes auch nur eine einzige Prākṛt-Sprache erlernen zu wollen, ist es doch – bei aller Gelehrsamkeit – geradezu antididaktisch angelegt. Als Lehrbuch kommt noch am ehesten die *Introduction to Ardha-Māgadhī* von A. M. Ghatage (Kolhapur 1941, Reprint: Pune 1993) in Betracht. Die Grammatik wird ausführlich behandelt. In didaktischer Hinsicht lässt das Buch jedoch viele Wünsche offen. Wichtiges ist von Unwichtigem kaum zu unterscheiden; zu den Übungssätzen fehlt ein Schlüssel und die Glossare sind gar zu lückenhaft. In Betracht kommen ferner *A Historical Grammar of Ardhamagadhi* von Satya Swarup Misra (Varanasi 1982) und *A Comparative Grammar of Middle Indo-Aryan* von Sukumar Sen (Poona 1960). Nützlich ist ferner das Kompendium von A. C. Woolner: *Introduction to Prakrit* (Lahore 1928, Neudruck: Varanasi 1966). Was die Lexik anlangt, so ist am meisten verbreitet das fünfbändige Werk von Ratna Chandra: *An Illustrated Ardha-Māgadhī Dictionary with Sanskrit, Gujrati, Hindi and English Equivalents* (Indore 1923-1932, Reprint: 1988). Ein einbändiges Wörterbuch wurde vom Verfasser erarbeitet: *Wörterbuch Ardhamāgadhī – Deutsch* (Wichtrach 2003).

Nützlich ist ferner das Werk von Oskar von Hinüber: *Das ältere Mittelindisch im Überblick* (2. Aufl., Wien 2001). Wer mit Hilfe der AMg. besonders den Jinismus erkunden möchte, benutze das ebenfalls vom Verfasser vorgelegte *Wörterbuch des kanonischen Jinismus* (Wiesbaden 2006).

Teil I: Grammatischer Abriss

Kapitel 1: Lautbestand

Das Alphabet der AMg. wird ähnlich arrangiert wie das des Skt.

Vokale:

kurz:	*a, i, u, e, o*
lang:	*ā, ī, ū, e, o*

Silbisches *r̥* und silbisches *l̥*, die das Skt.-Alphabet noch hat, sind also nicht mehr vertreten.

Konsonanten:

Gutturale:	*k, kh, g, gh, ṅ*
Palatale:	*c, ch, j, jh, ñ*
Retroflexe:	*ṭ, ṭh, ḍ, ḍh, ṇ*
Dentale:	*t, th, d, dh, n*
Labiale:	*p, ph, b, bh, m*
Liquide:	*r, l*
Halbvokale:	*y, v*
Zischlaut:	*s*
Hauchlaut:	*h*

1. Anusvāra *ṁ*

Gegenüber dem Skt. fehlen also das palatale *ś*, das retroflexe *ṣ*, der Visarga *ḥ* sowie die Diphthonge *ai* und *au.*

2. Viele AMg.-Texte findet man jetzt in lateinischer Transliteration, doch wird nach wie vor auch die Devanāgarī-Schrift gebraucht. Zum Erlernen dieser Schrift gibt es bewährte Vorlagen, so in der *Elementargrammatik der Sanskrit-Sprache* von A. F. Stenzler, R. Pischel und K. F. Geldner (mehrfach aufgelegt) und im *Sanskrit-Kompendium* von Ulrich Stiehl (2. Aufl., Heidelberg 2002). Zu beachten ist, dass die Nasale *ṅ* und *n* im Wortinneren oft als *ṁ* wiedergegeben werden; so wird *anta* („Ende, Tod“) zu *aṁta* und *aṅga* („Glied“) zu *aṁga.*

3. Die Aussprache ist im wesentlichen die des Skt., doch sind *e* und *o* vor Konsonantenligaturen kurz. Die Betonungsgesetze entsprechen denen des Skt.; der Akzent kann also mitunter bis auf die viertletzte Silbe zurückgehen.

Kapitel 2: Lautumwandlungen

4. Ardhamāgadhī ist nicht Pāli. Haben sich dort die Lautumwandlungen aus dem Skt. noch in durchaus überschaubaren Grenzen gehalten, so bilden sie jetzt für das Sprachverständnis eine schwer zu nehmende Hürde. Allerdings sind nicht wenige AMg.-Wörter aus dem Skt. ohne phonetische Veränderungen übernommen worden; sie werden als *tatsama* („ihm [nämlich dem Skt.] gleich") bezeichnet; sehr viele aber haben phonetische Umwandlungen erfahren und gelten als *tadbhava* („ihm entsprungen"). Doch gibt es auch Wörter unklarer (oft drawidischer) Herkunft; man nennt sie *deśī*.

5. Nicht alle Umwandlungen kann man sich einprägen; zudem sind manche „Laut-Gesetze" sehr vage. Es ist daher am besten, sich zu jeder AMg.-Form die *chāyā* zu merken.

6. Der *Konsonantenwandel* hat folgende Grundzüge (es wird immer vom Skt. ausgegangen):
ś und *ṣ* werden zu *s*. Dies ist der einzige Sibilant der AMg.: *śiśu* („Kind") > *sisu*; *śeṣa* („Rest") > *sesa*; *keśa* („Haar") > *kesa* und *bhāṣā* („Sprache") > *bhāsā*.

7. Anlautendes *y* > *j*: *yoga* > *joga*.

8. Mitunter werden anlautende Konsonanten aspiriert: *gṛha* („Haus") > *ghara*.

9. Verschiedentlich werden Palatale im Anlaut zu Dentalen: *cikitsaka* („Arzt") > *tigicchaga*.

10. Anlautende Dentale werden mitunter Retroflexe: *ḍahara* („fein, zart") > *ḍahara*.

11. Mediale Konsonanten, nämlich *k*, *g*, *c*, *j*, *t* und *d*, fallen vielfach (aber nicht immer) aus; oft werden sie durch *y* ersetzt.

12. Sprachgeschichtlich wurden die Konsonanten zunächst erweicht. Dieser Prozess hielt an, bis sie schließlich ausfielen. Einige Beispiele sollen die Auswirkungen dieses Prozesses verdeutlichen.

13. Ausfall von *k*: *naraka* („Hölle") > *ṇaraya*.

14. Ausfall von *g*: *nagara* („Stadt") > *ṇayara*.

15. Ausfall von *c*: *nīca* („niedrig") > *ṇīya*; *vacana* („Rede") > *vayaṇa*.

16. Ausfall von *j*: *pūjā* („Anbetung") > *pūyā*; *rājā* („König" im Nom.) > *rāyā*; *gaja* („Elefant") > *gaya*.

17. Ausfall von *t*: *hata* („getötet") > *haya*; *jāta* („geboren") > *jāya*; *atīva* („übermäßig") > *aīva*.

18. Ausfall von *d*: *pāda* („Fuß") > *pāya*; *udara* („Bauch") > *uyara*.

19. Vielfach werden mediale Aspiraten zu *h* reduziert.
Beispiele: *mukha* („Mund, Antlitz") > *muha*; *lekha* („Brief") > *leha*; *megha* („Wolke") > *meha*; *laghu* („leicht; flink; gering") > *lahu*; *adhunā* > *ahuṇā* („jetzt"); *kathā* („Erzählung") > *kahā*; *patha* („Weg") > *paha*; *madhu* („Honig") > *mahu*; *lobha* („Gier") > *loha*; *lābha* („Gewinn") > *lāha*.
ph wird relativ selten auf *h* reduziert.

20. Mediales *ṭ* wird *ḍ*: *paṭu* („heftig, scharfsinnig") > *paḍu*; *bhaṭa* („Soldat") > *bhaḍa*.
Mediales *k* wird oft zu *g*; s. dazu **28**.

21. *n* wird vielfach zu *ṇ*, doch wird diese Umwandlung sehr unterschiedlich gehandhabt, selbst in ein und demselben Wort. Am Wortanfang sind beide Versionen möglich.

22. Sehr wichtig, da häufig vorkommend, ist die Umwandlung des medialen *p* zu *v*: *kopa* („Zorn") > *kova*; *rūpa* („Gestalt") > *rūva*.

23. Mediales *b* wird ebenfalls zu *v*, doch ist der Laut schon im Skt. nicht eindeutig. *kavala* („Bissen") wechselt mit *kabala*; die AMg. hat immer *kavala*.

24. Mediales *y* bleibt vor *a* und *ā* erhalten; so verändert sich beispielsweise *māyā* nicht. Ansonsten wird das *y* elidiert: *vāyu* („Wind") > *vāu*.

25. Da die AMg. als Sibilant nur das dentale *s* kennt, werden *ś* und *ṣ* immer zu *s*.

26. In den meisten PPP des Skt. mit der Endung auf *-ta*, in denen ein *r̥* vorkommt, wird der Dental stimmhaft und zerebralisiert: *kr̥ta* („getan") > *kaḍa*; *mr̥ta* („verstorben") > *maḍa*.

27. Oft wird *ḍ* zu *l*: *guḍa* („Melasse") > *gula*; *ṣoḍaśa* („sechzehn") > *solasa*.

28. Recht häufig ist die Umwandlung stimmloser Konsonanten in stimmhafte: *ākara* („Bergwerk") > *āgara*; *eka* („eins") > *ega*; *upāsaka* („Laienanhänger im Buddhismus und Jinismus") > *uvāsaga*; *phalaka* („Brett, Latte") > *phalaga*.

29. Mitunter werden Dentale zu *l*: *udāra* („erhaben“) > *ulāra*.

30. Nicht selten wechseln *l* und *r*: *caraṇa* („Fuß“) > *calaṇa*; *sukumāra* („zart“) > *sukumāla*; *kila* („freilich, gewiss“) > *kira*. Insgesamt ist der Wechsel von *r* zu *l* häufiger als der von *l* zu *r*.

31. Von großer Wichtigkeit ist der Umstand, dass im *Auslaut* nie ein Konsonant stehen kann.

32. Wenn vom Skt. im Auslaut ein Konsonant überkommen ist, wird er elidiert: *janman* („Geburt“) > *jamma*; *śiras* („Kopf“) > *sira*. Es gibt noch weitere Möglichkeiten, einen konsonantischen Auslaut zu vermeiden; dazu vgl. man **34.**

33. Im Auslaut zugelassen ist der Anusvāra. Wenn im Skt. *n* oder *m* im Auslaut stehen, werden sie in der AMg. zum Anusvāra: *asmin* („in diesem, darin“) > *assiṁ*. Mitunter werden auch andere Endkonsonanten zum Anusvāra: *sakr̥t* („einmal“) > *saiṁ*.

34. Zur Vermeidung eines konsonantischen Auslauts vgl. auch **32.** Meist wird einfach ein *a* angehängt, wodurch das Wort zum Masculinum wird: *marut* („Wind“) > *marua*; *bhiṣaj* („Arzt“) > *bhisaga*.

35. Feminina erhält man durch die Anfügung von *ā* oder (seltener) *ī*: *diś* („Himmelsrichtung“) > *disā*.

36. Aus dem Visarga *ḥ* mit vorausgehendem *a* (*aḥ*) wird im Auslaut *o*: *punaḥ* („wieder“) > *puṇo*; selten wird *aḥ* zu *e*: *adhaḥ* („unten“) >*ahe*. Geht dem Visarga *ā* voraus, so wird *āḥ* zu *āo*: *daśāḥ* („die zehn") > *dasāo*. Im Wortinneren bewirkt der Visarga die Verdoppelung eines folgenden stimmlosen Konsonanten: *duḥkha* („Unglück“) > *dukkha*.

37. Wie im Skt., so spielen auch in der AMg. die *Ligaturen* eine große Rolle. Ligaturen sind Gruppen von zwei (im Skt. manchmal auch drei) Konsonanten.

38. Von wenigen Ausnahmen abgesehen, können in der AMg. am Wortanfang keine Ligaturen stehen: *prabhā* („Glanz“) > *pahā*; *krama* („Schritt“) > *kama*.

Mitunter wird die Ligatur durch einen Vokaleinschub (*Svarabhakti*), oft ein *i*, aufgehoben: *śrī* („Pracht“) > *siri*.

Lange Vokale werden vor Ligaturen gekürzt: *rājya* („Königreich“) > *rajja*; *cūrṇa* („Pulver“) > *cuṇṇa*. Mitunter werden lange Vokale auch bei anderen Gelegenheiten gekürzt.

39. Überaus häufig kommt es zu *Assimilationen*. Dominiert dabei der erste Konsonant, so ist die Assimilation progressiv: *sūtra* („Faden; Lehrbuch") > *sutta*. Dominiert der zweite Konsonant, so ist die Assimilation regressiv: *yukta* („verbunden, geeignet") > *jutta*; *kalpa* („Regel; Sitte") > *kappa*.

40. Vergleichbar ist der Wandel vom lateinischen *fructus* zum italienischen *frutto* oder von *septem* in *sette*: Aus Skt. *sapta* („sieben") wird in der AMg. *satta*. Doch sind die Regeln für die Assimilation äußerst vage und lassen Raum für zahlreiche Ausnahmen.

41. Auffallend ist unter anderem der Übergang von Dentalen + *y* in Palatale: *satya* („wahr") > *sacca*; *rathyā* („Straße") > *racchā*; *adya* („heute") > *ajja*; *madhya* („mittlerer") > *majjha*.

42. Wenn ein Nasal einem *r* oder *l* folgt, geschieht eine regressive Assimilation. *karṇa* („Ohr") > *kaṇṇa*; *karman* („Tat") > *kamma*; *gulma* („Strauch; Schwarm") > *gumma*.

43. Wenn *r* und *v* zusammentreffen, ergibt sich ebenfalls eine regressive Assimilation: *sarva* („all, ganz") > *savva*. Bilden ein Zischlaut und ein Halbvokal eine Ligatur, ist die Assimilation progressiv: *aśva* („Pferd") > *assa*; *manuṣya* („Mensch") > manussa; *śiṣya* („Schüler") > *sissa*.

44. Die häufige Ligatur *kṣ* wird zu *kkh* oder (selten) zu *ch* oder *cch*: *mokṣa* („Erlösung") > *mokkha*; *bhikṣu* („Bettelmönch") > *bhikkhu*; *kṣatriya* („Krieger") > *khattiya*; *kṣetra* („Feld, Gegend") > *chetta*, aber auch > *khetta*.

45. Nicht selten werden Ligaturen durch einen Vokaleinschub, eine Anaptyxis (meist *i*), aufgelöst: *kr̥ṣṇa* („schwarz") > *kasiṇa*; *kleśa* („Mühe, Plage") > *kilesa* und *śloka* („Vers") > *siloga*.

In seinem eingangs erwähnten Werk hat A. M. Ghatage die Lautumwandlungen von Ligaturen zusammengestellt. Sie werden hier in umgearbeiteter Form tabellarisch dargestellt, nämlich vom Skt. in die AMg. und *vice versa*. Natürlich sind diese Tabellen von Nutzen, doch darf man diesen nicht überschätzen, denn die Tabellen bieten nur einen allgemeinen Überblick. Es zeigt sich, dass die Möglichkeiten der Lautumwandlung sehr vielfältig sind. Eindeutige Zuordnungen sind die Ausnahme. Nach wie vor wird daher angeraten, sich zu jedem AMg.-Lemma tunlichst die Skt.-*chāyā* einzuprägen.

Sanskrit > Ardhamāgadhī

kta > tta; ktha > ttha; kpa > ppa; kma > ppa; kya > kka; kra > kka; kla > kka; kva > kka; kṣa > ccha, kkha.

khya > kkha.

gṇa > gga; gda > dda; gdha > ddha; gna > gga; gbha > bbha; gma, gya, gra > gga.

ghra > ggha.

cya > ccya.

chra > ccha.

jña > gna; jya, jva > jja.

ṭka > kka.

ḍga > gga; ḍva > vva.

ḍhya > ḍḍha.

ṇya, ṇva > ṇṇa.

tka > kka; tkha > kkha; tna > tta; tpa > ppa; tpha > ppha; tya > cca; tra, tva > tta; tsa > ccha.

dga > gga; dgha > ggha; dba > bba; dbha > bbha; dya > jja; dra > dda, ḍḍa; dva > dda, vva.

dhya > jjha; dhra > ddha; dhva > jjha, ddha.

nma > mma; nya, nva > nna.

pta > tta; pya, pra, pla > ppa; psa > ccha.

bja > jja; bda > dda; bdha > ddha; bra > bba.

bhya, bhra > bbha.

mna > nna; mya, mla > mma.

yya > jja.

rka > kka; rkha > kkha; rga > gga; rgha > ggha; rca > cca; rccha > ccha; rja > jja; rjha > jjha; rṇa > ṇṇa; rta > tta, ṭṭa; rtha > ttha, ṭṭha; rda > dda, ḍḍa; rdha > ddha, ḍḍha; rpa > ppa; rba > bba; rbha > bbha; rma > mma; rya > jja; rva > vva.

lka > kka; lga > gga; lpa > ppa; lpha > ppha; lba > bba; lma > mma; lya, lva > lla.

vya, vra > vva.

śca > ccha; śna > ṇha; śma > mha; śya, śra, śla, śva > ssa;

ṣka, ṣkha > kkha; ṣṭa, ṣṭha > ṭṭha; ṣṇa > ṇha; ṣpa, ṣpha > ppha; ṣma > mha; ṣya, ṣva > ssa.

ska, skha > kkha; sta, stha > ttha, ṭṭha; sna > ṇha; spa, spha > ppha; sma > mha; sya, sva > ssa.

hṇa, hna > ṇha; hma > mha; hya > jjha; hla > lha; hva > bbha.

Ardhamāgadhī < Sanskrit[1]

kka < *kya*, *kra*, kla, kva, ṭka, tka, *rka*, lka, ḥka.
kha < *kṣa*, khya, tkha, rkha, *ṣka*, ska, skha, ḥkha.
gga < gṇa, *gna*, gma, gya, *gra*, ḍga, dga, *rga*, lga.
ggha < ghra, dgha, rgha.
cca < *cya*, ṭca, *tya*, *rca*, *śca*.
ccha < kṣa, chra, tsa, thya, psa, rccha, śca.
jja < jya, jra, jva, ḍja, *dya*, bja, yya, *rja*, rya.
jjha < dhya, rjha, hya.
ṭṭa < ṭya, *rta*, *tta*.
ṭṭha < *ṣṭa*, *ṣṭha*, *sta*, *stha*, rtha.
ḍḍa < ḍya, rta.
ḍḍha < gdha, ḍhya, ddha, *rdha*.
ṇṇa < *jña*, *ṇya*, *ṇva*, *rṇa*.
ṇha < kṣṇa, *śna*, *ṣṇa*, sna, hṇa, hma.
tta < *kta*, *tna*, *tra*, *tva*, pta, *rta*.
ttha < ktha, *rtha*, sta, *stha*.
dda < gda, *dra*, dva, bda, *rda*.
ddha < gdha, dhra, dhva, bdha, *rdha*.
nna < *jña*, *nya*, nva, mna, *rna*.
ppa < kpa, kma, tpa, pya, *pra*, pla, *rpa*, lpa, ḥpa.
ppha < tpha, lpha, *ṣpa*, ṣpha, *spa*, spha, ḥpha.
bba < dba, *bra*, rba, lba.
bbha < gbha, dbha, bhya, bhra, *rbha*, lbha, hva.
mma < nma, mya, mla, *rma*, *lma*.
mha < *śma*, *ṣma*, *sma*, hma, kṣma.
lla < *rla*, *lya*, lva.
lha < hla.
vva < dva, *rva*, vya, vra.
ssa < *rśa*, *śma*, *śya*, *śra*, śva, ṣya, ṣva, *sya*, *sra*, *sva*.

Die Vokale sind in der AMg. nicht so starken Änderungen unterworfen wie die Konsonanten. Deutliche Änderungen gibt es freilich auch hier.

[1] Die in der folgenden Tabelle kursiv gesetzten Sanskrit-Ligaturen gehören zu den am meisten verbreiteten.

46. Die Skt.-Diphthonge *ai* und *au* sind in der AMg. nicht mehr vorhanden. *ai* wird meist zu *e*: *bhairava* („grausig“) > *bherava, au* meist > *o*: Gautama > Gotama.

47. Es entfallen ferner das silbische *r̥*, das *r̥̄* und das *l̥*. Skt. *r̥* wird, ohne dass man dafür eine Regel aufstellen könnte, zu *a*, *i* oder *u*. Beispiele: *gr̥ha* („Haus“) > *giha*; *mr̥ga* („Antilope, Gazelle“) > *miga* oder *miya*; *tr̥ṇa* („Gras“) > *taṇa*; *r̥ju* („aufrecht, ehrlich“) > *ujju*.

48. Am Wortanfang kann *r̥* zu *ri* werden: *r̥ddhi* („Gedeihen“) > *riddhi*.

49. Zu beachten ist, dass die im Skt. immer langen Vokale *e* und *o* in der AMg. auch kurz sein können, besonders vor Ligaturen; dazu vgl. **38.**

50. Lange Vokale werden vor einem Anusvāra gekürzt: *māṁsa* („Fleisch“) > *maṁsa*.

51. Dagegen wird ein kurzer Vokal vor einem Anusvāra verlängert: *siṁha* („Löwe“) > *sīha*.

Bei einer direkten Anrede im Vokativ kann der auslautende Vokal verlängert werden: Saddāliputtā („o Saddāliputta!“).

52. In seltenen Fällen werden *i* und *ī* zu *e* und *u* zu *o*: *pudgala* („Materie“) > *poggala*; *pustaka* („Buch“) > *potthaga* oder *potthaya*.

53. Darüber hinaus gibt es eine große Zahl singulärer Lautveränderungen, die aber nicht in Regeln zu fassen sind.

54. Mitunter findet eine sog. Prothesis statt: ein Laut (Konsonant oder Vokal) wird als Anlaut hinzugefügt. Beispiele: *strī* („Frau“) > *itthī* oder *iṭṭhī*; *ukta* („gesprochen“) > *vutta*.

55. Oft gehen die Anlautvokale der Enklitika verloren: *api* („auch, sogar“) nach Anusvāra > *pi*, nach einem Vokal > *vi*; *iti* („so“) nach Anusvāra > *ti*, nach kurzen Vokalen > *tti*.

56. Das aus dem Skt. bekannte Phänomen *saṁprasāraṇa*, also die Reduktion von *ya* auf *i* und von *va* auf *u*, findet sich auch in der AMg: *svapna* („Schlaf“) mit Svarabhakti > *suviṇa*.

Häufiger ist der Übergang von *aya* in *e* und von *ava* in *o*: *kathayati* („er, sie erzählt“) > *kahei*; *lavaṇa* („Salz“) > *loṇa*; *bhavati* („er, sie, es wird“) > *hoi*.

57. Die Lautumwandlungen und insbesondere die Konsonantenelisionen bringen es mit sich, dass die AMg. eine große Zahl von Homonymen aufweist. Zwei Beispiele sollen die Problematik noch einmal verdeutlichen.

So kann *raha* entstanden sein aus:
1. *rabhasa* m. („Ungestüm, Heftigkeit"),
2. *rahas* n. („Geheimnis"),
3. *ratha* n. („[Kriegs-]Wagen").

Noch unübersichtlicher wird es bei *sukka*:
1. *śuṣka* Adj. („trocken, dürr"),
2. *śukra* m. („Manneskraft, Potenz"),
3. *śulka* n. („Preis; Steuer, Zoll"),
4. *śukla* Adj. („weiß, hell, klar").

58. Bei *vaya* gibt es sogar nicht weniger als sechs Möglichkeiten:
1. *vayai* („reden, sprechen, sagen"),
2. *vaai* („sagen"),
3. *vraja* m. („Herde; Stall"),
4. *vacas* n. („Rede"),
5. *vrata* m., n. („Eid, Gelübde"),
6. *vayas* n. („Lebensalter, Lebenskraft").

59. Die im Skt. oft so diffizilen *Sandhi*-Gesetze fallen fast vollständig weg. Ein Hiatus wird meist toleriert. Der Gebrauch des Sandhi ist weitgehend fakultativ. Mitunter ergibt *a* oder *ā* + *i* ein *e*: *sthavira* („alt, ehrwürdig") > *thera*. Häufige Sandhi-Reste sind die folgenden: *nāsti* („er, sie, es ist nicht") > *ṇatthi*; *nāham* („ich nicht") > *ṇāhaṁ*.

60. Fakultativ ist auch die aus dem Skt. bekannte Grundregel, wonach *a* oder *ā* + *a* oder *ā* = *ā* wird. So kann AMg. *dhamma* + *adhamma* („Frömmigkeit" und „Missetat") zu *dhammādhamma* werden. Analog verhalten sich *i*, *ī*, *u* und *ū*. Regeln, noch dazu so strikte wie im Skt., lassen sich hier nicht aufstellen.

61. Ähnlich fakultativ ist, dass *a* oder *ā* mit folgendem *i* zu *e* wird, wie in AMg. *mahā* + *isi* („großer Weiser"), das zu *mahesi* wird.

62. Pronomina und Präpositionen tendieren zu Sandhi-Verbindungen: AMg. *ca* + *avi* („und auch") > *cāvi*.

63. *api* und *iti* vor einem anderen Vokal folgen dem Skt.: *apyeke* („auch diese") > *apyege*.

Kapitel 3: Deklination

64. Es gibt nur noch sechs Arten der *vokalischen Deklination*. Die Endungen sind *a*, *ā*, *i*, *ī*, *u* und *ū*. Fast die gesamte – im Skt. so schwierige – konsonantische Deklination fällt weg. Im Pl. fallen Nom. und Akk. weitgehend zusammen.

Die Zahl der *Numeri* sinkt auf zwei, denn einen Dual gibt es nicht mehr; an seine Stelle tritt der Pl.. Beispiel: *bahuṁ acchīhi pecchai* „viel sieht er mit den Augen". Im Skt. hätte „mit den Augen" *akṣibhyām* lauten, also im Dual stehen müssen.

65. Wie im Skt. hat auch die AMg. drei Geschlechter: Masculina, Feminina und Neutra. Zunächst aber sollen die Funktionen der *Kasus* besprochen werden. Gegenüber dem Skt. beinhaltet die Deklination in der AMg. erheblich weniger Probleme. Während im Deutschen „der Dativ dem Genitiv sein Tod ist", verhält es sich in der AMg. gerade umgekehrt, da der Dat. weitgehend im Gen. aufgegangen ist. Es gibt faktisch also nur noch sieben Kasus.

66. Der *Nominativ* antwortet auf die Fragen „wer?" oder „was?" Er bezeichnet das Subjekt. *kiṁkaro aḍaṁ khaṇai* („der Diener gräbt eine Grube"). Hier ist *kiṁkaro* das Subjekt.

67. Der *Akkusativ* antwortet auf die Fragen „wen?" und „was?", gelegentlich auch auf „wohin?"; dann ist es ein Akk. der Richtung: *gacchāmi gharaṁ* („ich gehe nach Hause"). Er bezeichnet das nahe, direkte Objekt der transitiven Verben. In dem in **66** enthaltenen Beispielsatz ist *aḍaṁ* das unmittelbare Objekt.

68. Formal kann der Akk. ein Adv. ausdrücken, *khippaṁ* (Skt. *kṣipram*) *gacchanti* („sie gehen schnell"); *mandaṁ parakkame bhayavaṁ* („langsam wandelt der Erhabene").

69. Der *Instrumental* bezeichnet Mittel, Werkzeug und Begleitung. Er antwortet auf die Fragen „wodurch?, womit?" Beispiele: *bahuṁ suṇei kaṇṇehiṁ* („er hört viel mit den Ohren"); *so khaggeṇa vagghaṁ haṇai* („mit dem Schwert tötet er den Tiger"). Drückt der Instr. eine Begleitung aus, fungiert er als Komitativ. Oft wird er dann mit *saha* („mit") verbunden: *tae saha* („mit dir"). Er kann aber auch einen Zeitraum bezeichnen: *tenaṁ kāleṇaṁ* („zu dieser Zeit"); *so saṁvacchareṇa pacchāgacchai* („er kehrt innerhalb eines Jahres zurück"). In einer passivischen Konstruktion bezeichnet der Instr. das Subjekt: *vaggheṇa migo diṭṭho* („vom Tiger wurde die Gazelle erblickt").

70. Der *Dativ* bezeichnet das indirekte Objekt, doch nimmt seine Stelle in der AMg. jetzt der Gen. ein.

Die den Dat. vertretende Präp. „für“ wird mit *aṭṭhāe* (Skt. *arthāya*) umschrieben: *rakkhaṇaṭṭhāe* („zum Schutz“).

71. Der *Ablativ* bezeichnet den Ausgangspunkt und antwortet auf die Frage „woher?“. Beispiele: *ṇayarāo āgacchai* („er, sie, es kommt aus der Stadt“); *vāṇaro rukkhāo rukkhaṁ gacchai* („der Affe geht von Baum zu Baum“). Auch bei Vergleichen wird der Abl. gebraucht: *siṁho vagghāo seṭṭho* („der Löwe ist edler als der Tiger“).

72. Ablative können auch eine adverbiale Funktion übernehmen: *saṁkhevāo* („in Kürze, kurzgefasst“).

73. Der *Genitiv* antwortet auf die Frage „wessen?“. In der AMg. übernimmt er die Funktion des Dat. und wird gebraucht im Sinne von „für“: *vejjo gilāṇassa osahaṁ deu* („der Arzt soll dem Kranken Arznei geben“). Auch Verben wie „geben“ und „erzählen“ regieren den Gen.

Eine wichtige Funktion hat der Gen., um das Wort „haben“ auszudrücken: *tassa ya rāiṇo satta taṇayā* („und dieser König hatte sieben Söhne“). Vgl. dazu auch **94**.

74. Der *Lokativ* antwortet auf die Frage „wo?“, mitunter auch auf „wohin?“ und „wann?“: *ṇayare* („in der Stadt“); *mase mase* („Monat für Monat“). Er kann aber auch einen Zustand andeuten: *kalāsu kusalo* („in den Künsten geschickt“); *maṇaṁsi* („im Geist, in Gedanken“); *tavesu vā uttamaṁ baṁbhaceraṁ* („unter den Bußübungen ist sittlicher Wandel das Höchste“).

Wie im Skt. gibt es auch in der AMg. einen *Locativus absolutus*, der dann mit „als“, „nachdem“ oder „während“ zu übersetzen ist. Er ist den entsprechenden Ablativ- bzw. Genitivkonstruktionen im Latein und Griechischen vergleichbar: *ṇa carejja vāse vāsante* („man wandere nicht, wenn Regen fällt“).

75. Der *Vokativ* wird zur Anrede gebraucht. Bei einer direkten Anrede kann der auslautende Vokal verlängert werden (*pluti*): *Āṇaṁdā* („O Ānanda!“). Vgl. **51**.

76. Zu den sechs Arten der vokalischen Deklination vgl. **64**.

Masculina enden auf *-a*, *-i* oder *-u*. Nicht immer stimmt das Genus mit der Skt.-*chāyā* überein. Sehr viele Nomina sind Masc. und enden auf *-a*. Als Paradigma diene hier das Wort *miga* (Skt. *mr̥ga*) „Antilope, Gazelle“.

77. Deklination der Masculina auf *-a*

Singular

Nom.	*migo, mige*
Vok.	*miga, migaṁ*
Akk.	*migaṁ*
Instr.	*migeṇa, migeṇaṁ*
Abl.	*migā, migāo*
Gen.	*migassa*
Lok.	*mige, migaṁsi*

Gelegentlich gibt es noch einen Dativ auf *-āe*.

Hier schimmert überall die Skt.-Deklination durch. Im Nom. ist die Endung *-o* im Skt. durch die Sandhi-Gesetze bedingt. Im Pāli ist sie bereits vorherrschend. Die Endung *-e* ist dagegen typisch für die Māgadhī. Nicht zu Unrecht heißt es „Ardha"-Māgadhī, also „Halb"-Māgadhī. Im Vok. ist die einfache Form *miga* die übliche. Der Akk. entspricht dem des Skt., nur dass an die Stelle des *m*-Auslauts der Anusvāra tritt. Auch der Instr. kommt dem des Skt. gleich. Lediglich an die Stelle des dentalen *n* tritt das retroflexe *ṇ*; in der Aussprache ist kein Unterschied erkennbar. *-eṇa* ist die häufigere Endung. Da, wie schon mehrfach betont, die AMg. im Auslaut nur Vokale und Anusvāra duldet, ist klar, dass der Skt.-Abl. *mṛgāt* nicht erhalten bleiben konnte. Es wurde also das Schluss-*t* elidiert oder durch *-o* ersetzt. Der Gen. spiegelt mit *-ssa* die Skt.-Endung *-sya* deutlich wider. Im Lok. gibt es zwei Möglichkeiten, die beide ins Skt. zurückverfolgt werden können. Die Endung *-e* (im Skt. aus *a* + *i* hervorgegangen) ist unverändert; die Endung *-ṁsi* geht auf den Lok. des Pron. *tad* zurück, also auf *tasmin*. Die AMg. vertauscht jedoch die Konsonanten; ein solcher Prozess wird Metathesis genannt.

Der **Plural** hat die folgenden Formen:

Nom.	*migā*
Vok.	*migā*
Akk.	*migā, mige*
Instr.	*migehi, migehiṁ*
Abl.	*migehinto, migehiṁto*
Gen.	*migāṇa, migāṇaṁ*
Lok.	*migesu, migesuṁ*

Im Vergleich zum Skt. haben Nom. und Vok. den Visarga abgeworfen. Im Akk. setzt sich die Tendenz der AMg. durch, im Pl. die gleiche Form wie im Nom. zu bilden. Der Instr. geht nicht auf die vokalische, sondern auf die konsonantische Deklination mit ihrer Endung *-bhiḥ* zurück. Im Abl. schimmern sogar zwei Skt.-Endungen durch, nämlich *-bhyaḥ* aus der konsonantischen Deklination und eine spezielle Abl.-Endung *-tas*. Der Gen. wiederum entspricht fast genau dem sanskritischen *mṛgāṇām*. Auch der Lok. lehnt sich eng an das Skt. an: *mṛgeṣu*.

78. Wie im Skt. werden die **Neutra auf *-a*** ganz ähnlich dekliniert wie die Masc. Als Beispiel diene das Paradigma *phala* (Skt. *phala*) „Frucht, Ergebnis, Lohn".

	Singular	**Plural**
Nom., Vok., Akk.	*phalaṁ*	*phalāiṁ, phalāṇi*

Alle anderen Kasus entsprechen denen des Masc. Im Nom. Pl. hat sich also mitunter die Skt.-Form behauptet.

79. Die **Masculina auf *-i*** werden folgendermaßen dekliniert; das Paradigma ist hier *muṇi* (Skt. *muni*) „Seher, Weiser".

	Singular	**Plural**
Nom.	*muṇī*	*muṇino*
Akk.	*muṇiṁ*	*muṇino*
Instr.	*muṇiṇā*	*muṇīhiṁ*
Abl.	*muṇīo*	*muṇīhiṁto*
Gen.	*muṇiṇo, muṇissa*	*muṇiṇaṁ*
Lok.	*muṇiṁsi*	*muṇīsuṁ*
Vok.	*muṇi*	*muṇiṇo*

Im Nom. Sing. fällt gegenüber dem Skt. der Visarga weg; dafür wird der auslautende Vokal verlängert. Während Akk. und Instr. Entsprechungen im Skt. haben, fehlen solche im Abl., Gen. und Lok. Selten kommt im Gen. die aus der *a*-Deklination herübergenommene Endung *-ssa* vor.

Im Plural fallen wieder Nom., Akk. und Vok. zusammen. Die übrigen Kasus widerspiegeln die *a*-Deklination.

80. Wörter auf *-i* können auch Fem. sein (nicht so Wörter auf *-a*). Als Beispiel diene *rai* (Skt. *rati*) „Liebe, Lust“.

Feminina auf *-i*

	Singular	Plural
Nom.	*raī*	*raīo*
Akk.	*raiṁ*	*raīo*
Instr.	*raīe*	*raīhiṁ*
Abl.	*raīo*	*raīhiṁto*
Gen.	*raīe*	*raīṇaṁ*
Lok.	*raīe, raiṁsi*	*raīsuṁ*
Vok.	*rai*	*raīo*

Hier differieren die AMg.-Formen erheblich von denen im Skt. Im Sing. fallen Instr. und Gen., im Pl. Nom., Vok. und Akk. zusammen.

81. Schließlich können Stämme auf *-i* auch Neutra sein. Als Paradigma diene *dahi* (Skt. *dadhi*) „Sauermilch“.

Neutra auf *-i*

	Singular	Plural
Nom.	*dahiṁ*	*dahīiṁ, dahīṇi*
Akk.	*dahiṁ*	*dahīiṁ, dahīṇi*
Instr.	*dahiṇā*	
Abl.	*dahīo*	
Gen.	*dahiṇo*	
Lok.	*dahiṁsi*	
Vok.	*dahiṁ*	*dahīiṁ, dahīṇi*

Die neutralen *i*-Stämme haben also nur im Nom., Akk. und Vok. eigene Formen; ansonsten schließen sie sich im Sing. den Masc., im Pl. den neutralen *a*-Stämmen an, teilweise mit Rückgriff auf die korrespondierenden Skt.-Formen.

82. Auch die *u*-Stämme sind in allen drei Geschlechtern vertreten. Als Paradigma für die Masc. diene *sāhu* (Skt. *sādhu*) „Heiliger“.
Die Deklination verläuft analog den Masc. auf *-i*, wie das Beispiel *muṇi* (vgl. **79**) zeigt.

Masculina auf *-u*

Singular		Plural
Nom.	*sāhū*	*sāhuṇo*
Akk.	*sāhuṁ*	*sāhuṇo*
Instr.	*sāhuṇā*	*sāhūhiṁ*
Abl.	*sāhuṇo, sāhūo*	*sāhūhiṁto*
Gen.	*sāhuṇo, sāhussa*	*sāhūṇam*
Lok.	*sāhuṁsi*	*sāhūsuṁ*
Vok.	*sāhu*	*sāhuṇo*

Die Deklination der Fem. auf *-u* soll hier am Beispiel *dheṇu* (Skt. *dhenu*) „Milchkuh" gezeigt werden. Sie verläuft analog den Fem. auf *-i*, wie das Beispiel *rai* (vgl. **80**) zeigt.

Feminina auf *-u*

Singular		Plural
Nom.	*dheṇū*	*dheṇūo*
Akk.	*dheṇuṁ*	*dheṇūo*
Instr.	*dheṇūe*	*dhenūhiṁ*
Abl.	*dheṇūo*	*dhenūhiṁto*
Gen.	*dheṇūe*	*dheṇūṇaṁ*
Lok.	*dheṇuṁsi*	*dheṇūsuṁ*
Vok.	*dheṇu*	*dheṇūo*

Als Beispiel für die Deklination der Neutra auf *-u* diene *mahu* (Skt. *madhu*) „Honig, Süßigkeit". Nom., Akk. und Vok. fallen hier zusammen.

Neutra auf *-u*

Singular		Plural
Nom.	*mahuṁ*	*mahūiṁ*
Akk.	*mahuṁ*	*mahūiṁ*
Instr.	*mahuṇā*	*mahūhiṁ*
Abl.	*mahuō*	*mahūhiṁto*
Gen.	*mahuṇo*	*mahūṇaṁ*
Lok.	*mahuṁsi*	*mahūsuṁ*
Vok.	*mahuṁ*	*mahūiṁ*

83. Die Stämme auf *-ā*, *-ī*, *-ū* und einige auf *-i* und *-u* (die schon besprochen wurden) sind Fem.

Die Deklination der *ā*-Stämme ist, besonders im Sing., im Skt. ziemlich schwierig. Demgegenüber zeigt die AMg. stark vereinfachte Formen. Zudem fallen im Sing. Instr., Gen. und Lok. zusammen. Im Pl. sind auch hier Nom. und Akk. identisch, wie am Beispiel des Tatsama *mālā* „Kranz" gezeigt wird.

Feminina auf -*ā*

	Singular	**Plural**
Nom.	*mālā*	*mālāo, mālā*
Akk.	*mālaṁ*	*mālāo, mālā*
Instr.	*mālāe*	*mālāhiṁ*
Abl.	*mālāo*	*mālāhiṁto*
Gen.	*mālāe*	*mālāṇaṁ*
Lok.	*mālāe*	*mālāsuṁ*
Vok.	*māle, mālā*	*mālāo, mālā*

Die Fem. auf *-ī* sind im Skt. besonders schwierig. Man muss sich schon tief in das Skt. eingearbeitet haben, um zu wissen, dass *nadī* („Fluss") im Nom. Pl. die Form *nadyaḥ*, im Akk. Pl. aber *nadīḥ* bildet. In der AMg. fallen wieder beide Kasus zusammen.

Als Paradigma diene *ṇadī* (Skt. *nadī*) „Fluss".

Feminina auf -*ī*

	Singular	**Plural**
Nom.	*ṇadī*	*ṇadīo*
Akk.	*ṇadiṁ*	*ṇadīo*
Instr.	*ṇadīe*	*ṇadīhiṁ*
Abl.	*ṇadīo*	*ṇadīhiṁto*
Gen.	*ṇadīe*	*ṇadīṇaṁ*
Lok.	*ṇadīe*	*ṇaḍīsuṁ*
Vok.	*ṇadi*	*ṇadīo*

Analog verläuft die Deklination der *ū*-Stämme, wie das Beispiel *taṇū* (Skt. *tanu*, *tanū*) „Körper" zeigt.

Feminina auf -*ū*

Singular		Plural
Nom.	*taṇū*	*taṇūo*
Akk.	*taṇuṁ*	*taṇūo*
Instr.	*taṇūe*	*taṇūhiṁ*
Abl.	*taṇūo*	*taṇūhiṁto*
Gen.	*taṇūe*	*taṇūṇaṁ*
Lok.	*taṇūe*	*taṇūsuṁ*
Vok.	*taṇu*	*taṇūo*

Wie bei den *a*-Stämmen fallen auch hier im Sing. Instr., Gen. und Lok., im Pl. Nom., Akk. und Vok. zusammen.

84. Eine besondere Position nehmen diejenigen Nomina ein, deren Stamm im Skt. auf -*r̥* endet. Es handelt sich vorwiegend um solche Nomina, die jemanden bezeichnen, der eine bestimmte Aktion ausübt; einige bezeichnen (wie im Skt.). Verwandtschaftsverhältnisse.

Für die erste Gruppe diene als Paradigma *kattā* (Skt. *kartr̥*): „Täter, Macher".

Nomina, die im Skt. auf -*r̥* enden (und eine Aktion ausüben)

Singular		Plural
Nom.	*kattā*	*kattāro, kattā*
Akk.	*kattāraṁ*	*kattāro*
Instr.	*kattāreṇa, kattuṇā*	*kattārehiṁ*
Abl.	*kattārāo*	*kattārehiṁto*
Gen.	*kattuṇo, kattārassa*	*kattārāṇaṁ*
Lok.	*kattāre*	*kattāresuṁ*
Vok.	*kattā*	*kattāro*

Nomina, die im Skt. auf -*r̥* enden (Verwandtschaftsgrade)

Für diese Gruppe werden zwei Paradigmata benötigt, zunächst *piyā* (Skt. *pitr̥*) „Vater", sodann *māyā* (Skt. *mātr̥*) „Mutter".

piyā

Singular		**Plural**
Nom.	*piyā*	*piyaro*
Akk.	*piyaraṁ*	*piyaro, piyare*
Instr.	*piuṇā*	*piūhiṁ*
Abl.	*piuṇo*	*piūhiṁto*
Gen.	*piuṇo, piussa*	*piūṇaṁ*
Lok.	*piyari*	*piūsuṁ*
Vok.	*piyā*	*piyaro*

māyā

Nom.	*māyā*	*māyaro*
Akk.	*māyaraṁ*	*māyaro*
Instr.	*māyāe*	*māyāhiṁ*
Abl.	*māūe*	*māīhiṁto*
Gen.	*māyāe*	*māīṇaṁ*
Lok.	*māyāe*	*māīsuṁ*
Vok.	*māyā*	*māyaro*

Beispielsatz: *māyaraṁ piyaraṁ posa* „ernähre Mutter und Vater!“

85. Die im Skt. so bedeutsame *konsonantische Deklination* ist in der AMg. nur noch in Resten vorhanden. Da aber einige dieser Reste in der Literatur ziemlich häufig vorkommen, soll hier auf sie eingegangen werden. Dazu zählt zunächst *rāya* (Skt. *rājan*) „König“.

rāya

Singular		**Plural**
Nom.	*rāyā*	*rāyāṇo*
Akk.	*rāyāṇaṁ, rāyaṁ*	*rāyāṇo*
Instr.	*rannā, rāiṇā*	*rāīhiṁ*
Abl.	*rāiṇo, ranno*	*rāīhiṁto*
Gen.	*rāiṇo, ranno, rāyassa*	*rāīṇaṁ*
Lok.	*rāyaṁsi*	*rāīsuṁ*
Vok.	*rāya, rāyā*	*rāyāṇo*

Die Skt.-Deklination der Nomina auf *-an* schimmert also ebenso durch wie (im Gen. Sing.) die *a*-Deklination und (im Lok. Sing.) die Pronominalform *tasmin* (mit Metathesis).

Das Skt.-Nomen *ātman* („Seele, Selbst") setzt sich in zwei Varianten fort: *appā* und *attā*. Da sie kaum voneinander differieren, genügt hier als Paradigma *appā*.

appā

Singular		**Plural**
Nom.	*appā, āyā*	*appāṇo*
Akk.	*appāṇaṁ*	*appāṇo*
Instr.	*appaṇā*	*appāṇehiṁ*
Abl.	*appao*	*appāṇehiṁto*
Gen.	*appaṇo*	*appāṇaṁ*
Lok.	*appaṇi*	*appesuṁ*

Für die Skt.-Nomina auf *-at*, wie *arhat* („Ehrwürdiger, Erlöster") ist das AMg.-Beispiel

arahaṁta

Singular		**Plural**
Nom.	*arahaṁ, arahaṁto*	*arahaṁto*
Akk.	*arahaṁtaṁ*	*arahaṁte*
Instr.	*arahaṁteṇa, arahāya*	*arahaṁtehiṁ*
Abl.	*arahao*	*arahaṁtehiṁto*
Gen.	*arahao, arahaṁtassa*	*arahaṁtāṇaṁ*
Lok.	*arahaṁte*	*arahaṁtesuṁ*

Die Formen richten sich also weitgehend nach der sanskritischen *a*-Deklination.

86. Einige weitere Reste aus der konsonantischen Deklination sollen noch kurz erwähnt werden.
Nomina, die auf die Skt.-Endung *-as* zurückgehen, wie *maṇas* („Geist, Verstand") bilden im Instr. Sing. *maṇasā*, im Lok. Sing. *maṇasi*.
Skt.-Nomina auf *-ś* wie *diś* („Himmelsrichtung") bilden im Abl. Sing. *diso*.
Aus Skt. *pariṣad* („Versammlung") wird im Nom. Sing. *parisā*.

87. Die **Pronomina personalia, demonstrativa und interrogativa** gleichen vielfach den Skt.-Formen, doch gibt es auch, wie die folgenden Tabellen zeigen, erhebliche Divergenzen. Wegen ihrer sprachstatistischen Häufigkeit sind die pronominalen Formen, besonders die Demonstrativa, von großer Wichtigkeit.

An sich sind die **Pronomina personalia** bereits in die jeweiligen Verbalformen integriert. Doch werden sie gebraucht, wenn auf ihnen ein besonderer Nachdruck liegt. Selbstverständlich können die enklitischen Formen nicht am Satzanfang stehen.

Pronomina personalia 1. Person (Stamm ist *amha*)

	Singular	**Plural**
Nom.	*ahaṁ, maṁ*	*amhe, vayaṁ*
Akk.	*mamaṁ, maṁ, me*	*amhe, ṇe*
Instr.	*mae, me*	*amhehiṁ*
Abl.	*mamāo, matto*	*amhehiṁto*
Gen.	*mama, me*	*amhāṇam, ṇo*
Lok.	*mai, maṁsi*	*amhesuṁ*

Die Beziehungan zum Skt. sind hier noch unverkennbar. Im Nom. Sing. findet sich die Form *aham*, im Akk. Sing. *mām* wieder. Im Instr. freilich erscheint *mayā* verkürzt; der Abl. *mat* wiederum ist in der AMg. erweitert. Der Gen. ist sowohl in der Grundform *mama* als auch als Enklitikon *me* unverändert. Im Lok. fällt das *y* aus *mayi* aus. Im Pl. bleibt der Nom. unverändert. Dagegen erscheinen in den übrigen Kasus neue Formen, die u.a. aus dem Lautwandel von *sm* in *mh* entstanden sind. Doch haben sich auch die meisten Endungen verändert.

Pronomina personalia 2. Person (Stamm ist *tumha*)

	Singular	**Plural**
Nom.	*tumaṁ, tume*	*tumhe*
Akk.	*tumaṁ, te*	*tumhe*
Instr.	*tae, tue*	*tumhehiṁ*
Abl.	*tumāo*	*tumhehiṁto*
Gen.	*tuha, tava, te*	*tumhāṇaṁ*
Lok.	*tai, tumaṁsi*	*tumhesuṁ*

Die 2. Pers. geht auf vedisches *tumám* zurück und spiegelt die Deklination der 1. Pers. wider. Der Gebrauch der 2. Pers. entspricht unserem Duzen. Zur höflichen Anrede („Siezen“) verwendet man die Formen von *bhavan*, wobei das Verb in der 3. Pers. steht. Beispiel: *tattha pāsāu bhavaṁ* „schauen Sie dorthin!”

Das **Pronomen demonstrativum** *tat* (Skt. *tad*; *etad*) vertritt oft das Pron. pers. der 3. Pers. Es wird in allen drei Geschlechtern dekliniert.

Pronomen demonstrativum masc.

	Singular	**Plural**
Nom.	*so, se; eso*	*te; se*
Akk.	*taṁ; eyaṁ*	*te; ee*
Instr.	*teṇaṁ; eeṇaṁ*	*tehiṁ; eehiṁ*
Abl.	*tāo; eyāo*	*tehiṁto; eehiṁto*
Gen.	*tassa; eyassa*	*tesiṁ; eesiṁ*
Lok.	*taṁsi; eyaṁsi*	*tesuṁ; eesuṁ*

Die vielfach gebrauchte Form *se* im Nom. Sing. ist ein Magadhismus. Im Instr. Sing. und Gen. Sing. schimmern die Skt.-Formen *tena* und *tasya* durch, während im Lok. eine Metathesis aus sanskritischem *tasmin* stattfindet. Im Pl. entspricht der Gen. *tesiṁ* der Skt.-Form *teṣām*, der Lok. *tesuṁ* der Skt.-Form *teṣu*, während Akk. und Instr. deutlich abweichen.

Die Deklination der **Pronomina demonstrativa im Neutrum** unterscheidet sich von den Masc. nur im Nom. Sing.: *taṁ; eyaṁ* und im Nom. Pl. *tāiṁ* (Skt. *tāni*); *eyāiṁ*. Deutlich hebt sich davon die Deklination der Pron. dem. im Femininum ab:

Pronomen demonstrativum fem.

	Singular	**Plural**
Nom.	*sā; esā*	*tāo; eyāo*
Akk.	*taṁ; eyaṁ*	*tāo; eyāo*
Instr.	*tāe, tīe; eyāe*	*tāhiṁ; eyāhiṁ*
Abl.	*tāo; eyāo*	*tāhiṁto; eyāhiṁto*
Gen.	*tāe, tīe; eyāe*	*tāsiṁ; eyāsiṁ*
Lok.	*tāe, tīe; eyāe*	*tāsuṁ; eyāsuṁ*

Außer in den Nom. sowie im Lok. Pl. sind die Abweichungen vom Skt. erheblich.

Die Skt.-Stämme *idam* und *adas* finden in der AMg. keine nennenswerte Fortsetzung.

Auch das wichtige **Pronomen interrogativum** *kiṁ* wird in allen drei Geschlechtern dekliniert.

Pronomen interrogativum masc.

	Singular	**Plural**
Nom.	*ke, ko*	*ke*
Akk.	*kaṁ*	*ke*
Instr.	*keṇa*	*kehiṁ*
Abl.	*kāo*	*kehiṁto*
Gen.	*kassa*	*kesiṁ*
Lok.	*kaṁsi*	*kesuṁ*

Wie bei den Masc. auf *-a* sind die *chāyā*-Formen, besonders im Sing., deutlich erkennbar.

Im **Neutrum** sind die vom Masc. abweichenden Formen lediglich: im Nom. und Akk. Sing. *kiṁ* und im Nom. und Akk. Pl. *kāiṁ*, *kāṇi*.

Pronomen interrogativum fem.

	Singular	**Plural**
Nom.	*kā*	*kāo*
Akk.	*kaṁ*	*kāo*
Instr.	*kāe*	*kāhiṁ*
Abl.	*kāo*	*kāhiṁto*
Gen.	*kāe*	*kāsiṁ*
Lok.	*kāe*	*kāsuṁ*

Im Sing. fallen also die Formen im Instr., Gen. und Lok. zusammen.

Das Pronomen interrogativum *kiṁ* kann (wie übrigens auch im Deutschen) neben „was?“ auch „warum?“ bedeuten. Beispiel: *kiṁ iha ṭhio si* „warum stehst du hier?“(„warum hast du dich hierher gestellt?“).

Die Formen des Pron. interr. werden **indefinit**, wenn ihnen nach einem Anusvāra *ci* (Skt. *cit*) oder nach einem Vokal *i* angefügt wird. Im Deutschen werden diese Formen mit „irgend...", im Englischen mit „some" wiedergegeben. Es kann auch *pi* (Skt. *api*) hinzugefügt werden: *kiṁ pi* „etwas". Beispiele: *atthi teṇa saha vattavvaṁ kiṁ pi* „es ist etwas mit ihm zu besprechen"; *keṇai kāraṇeṇa so āgao* „aus irgendeinem Grund ist er hergekommen".

Für die **Pronomina relativa** brauchen keine eigenen Tabellen aufgestellt zu werden, da sie wie die Pron. interr. dekliniert werden, lediglich mit dem Unterschied, dass an die Stelle von *k* jeweils *j* tritt. Beispiel: *paḍanti ṇarae ghore je ṇarā pāvakāriṇo* „es fallen in die grausige Hölle diejenigen Menschen, welche Sünde begehen".

88. Die **Zahlwörter (Numeralia)** haben eine eigene Deklination. Das Zahlwort „eins" *ega, ekka* (Skt. *eka*) wird folgendermaßen im Sing. dekliniert:

	masc.	**fem.**	**neutr.**
Nom.	*ege*	*egā*	*egaṁ*
Akk.	*egaṁ*	*egaṁ*	*egaṁ*
Instr.	*egeṇa*	*egāe*	*egeṇa*
Abl.	*egāo*	*egāo*	*egāo*
Gen.	*egassa*	*egāe*	*egassa*
Lok.	*egaṁsi*	*egāe*	*egaṁsi*

Der Nom. Pl. lautet *ege* und bedeutet „einige, manche".

do („zwei"), *ti* („drei") und *cau* („vier") kommen nur im Pl. vor; Genera werden nicht unterschieden.

	do	***ti***	***cau***
Nom.	*do, doṇṇi*	*tao, tiṇṇi*	*cattāro, cattāri*
Akk.	*do, doṇṇi*	*tao, tiṇṇi*	*cattāro, cattāri*
Instr.	*dohiṁ*	*tīhiṁ*	*cauhiṁ*
Abl.	*dohiṁto*	*tīhiṁto*	*cauhiṁto*
Gen.	*doṇhaṁ*	*tiṇhaṁ*	*cauṇhaṁ*
Lok.	*dosu*	*tīsu*	*causu*

Kardinalzahlen von 5 bis 18 kommen nur im Plural vor und werden nach dem für *paṁca* („fünf") geltenden Muster dekliniert:

Nom. *paṁca*, Akk. *paṁca*, Instr. *paṁcahiṁ*, Abl. *paṁcahiṁto*, Gen. *paṁcaṇhaṁ*, Lok. *paṁcasu*.

Die Zahlen von 19 bis 48 werden als Neutra auf *-a* angesehen, die von 59 bis 99 als Neutra auf *-i*, während die Zahlen von 49 bis 58 wie *paṁca* dekliniert werden. Nicht selten wird bei Kardinalzahlen aber auf die Deklination verzichtet.

Die **Ordinalzahlen** von 1 bis 6 haben eigene Bezeichnungen. Höhere Ordinalia werden durch das Suffix *-ma* gebildet: *dasama* (Skt. *daśama*) „zehnter". Für Aufzählungen wird die Ordinalzahl in das Neutr. des Sing. versetzt: *paḍhamaṁ* „erstens".

89. Die **Steigerung der Adjektive** geschieht folgendermaßen: Der **Komparativ** wird meist durch die Suffixe *-tara* oder *-yara* gebildet, der Superlativ durch die Suffixe *-tama* oder *-yama*. Die Suffixe *-tara* und *-tama* sind mit den im Skt. gebräuchlichen identisch. Wichtige abweichende Formen sind: *seyaṁ* (Skt. *śreyam*) „besser"; *seṭṭha* (Skt. *śreṣṭha*) „best"; *jeṭṭha* (Skt. *jyeṣṭha*) „ältest".

Kapitel 4: Konjugation

Die Konjugation ist gegenüber dem Skt. noch stärker vereinfacht als die Deklination. Einen Dual gibt es nicht mehr. Das Ātmanepada ist bis auf wenige Restformen verschwunden. Imperfekt und sigmatischer Aorist fallen zusammen; die meisten Aoriste sind verschwunden. Weggefallen ist auch das Augment. Außer den Formen *āhu* (Sing.) und *āhaṁsu* (Pl.) gibt es kein Perfekt mehr. Auch die Präsensklassen des Skt. existieren nicht mehr. Als Prät. dringt das Part. Prät. Pass. (PPP) vor. Erhalten bleiben Imper., Opt., Partizipien, Inf., Abs. (Gerundium) und Ger.

90. Die Verben erscheinen – anders als im Pāli – wieder als eine Art „Wurzeln", wenn auch nicht mehr im Sinne des Skt.. Man teilt sie rein konventionell in drei Klassen ein.

Klasse I: Endung auf *-a* (diese Verben sind die häufigsten);
Klasse II: an die Stelle des *-a* tritt die Endung *-e*;
Klasse III: Endung auf *-ā*, *-e*, *-o*.

Die AMg.-Verben bilden nur noch drei Tempora, nämlich Präs., Prät. und Fut.

91. Das **Präsens** bezeichnet einen sich in der Gegenwart abspielenden Vorgang: *gihaṁ pāsāmi* „ich sehe das Haus". Es kann aber auch gebraucht werden, um die

Wiederholung eines bestimmten Vorgangs auszudrücken; Beispiel: *diṇe diṇe āicco udei* „Tag für Tag geht die Sonne auf".

92. Im Folgenden wird am Beispiel von *gaccha* „gehen" dargestellt, wie die Verben der Klasse I im Ind. des Präs. konjugiert werden.

	Singular	**Plural**
1. Pers.	*gacchāmi*	*gacchāmo*
2. Pers.	*gacchasi*	*gacchaha*
3. Pers.	*gacchai*	*gacchanti*

Die hier wiedergegebenen Formen entsprechen voll und ganz der Skt.-Konjugation der meisten Verben der Präsensklasse I; das gilt vorzugsweise in der 1. und 2. Pers. Sing. und in der 3. Pers. Pl. In den anderen Personen kommen die der AMg. eigenen Lautumwandlungen zur Geltung. Am wichtigsten ist in der 3. Pers. Sing. die Elision des sanskritischen *-t-* (vgl. **12**). Das *-ai* bildet also keineswegs einen Diphthong; zu lesen ist vielmehr *-a-i*. In der 1. Pers. Pl. wird der auslautende Visarga zu *o* (vgl. **36**). In der 2. Pers. Pl. bleibt vom Skt. *-th* nur die Aspiration erhalten (vgl. **19**). Es gibt von diesem Konjugationsmuster geringfügige Abweichungen durch Einwirkung anderer Präsensklassen.

93. Wichtig ist, dass das Hilfszeitwort *as* „sein" eine besondere Konjugation hat. In der folgenden Tabelle stehen die Pron. pers. in Klammern.

	Singular	**Plural**
1. Pers.	(*ahaṁ*) *aṁsi, mi*	(*amhe*) *mo, mu*
2. Pers.	(*tumaṁ*) *asi, si*	(*tumhe) ttha*
3. Pers.	(*so, se, sā, taṁ*) *atthi*	(*te, tāo*) *santi*

Auch hier ist die Skt.-*chāyā* unverkennbar. In der 1. Pers. Sing. findet eine Metathesis aus *asmi* statt; in der 3. Pers. Sing. wird *asti* zu *atthi*. Die 1. Pers. Pl. wandelt *smaḥ* in *mo* um; in der 2. Pers. Pl. wird lautgesetzlich *ttha* aus *stha*. Die 2. Pers. Sing. und die 3. Pers. Pl. bleiben unverändert. Sehr zu beachten ist, dass das Hilfszeitwort häufig wegfällt (wie z. B. im Russischen) und beim Übersetzen ergänzt werden muss, wie das folgende Beispiel zeigt: *jammaṁ dukkhaṁ jarā dukkhaṁ* „Geburt ist Unglück, Alter ist Unglück".

94. Neben „sein" erfährt auch „haben" in der AMg. eine spezielle Abweichung. Die 3. Pers. Sing. von *as*, also *atthi*, verbindet sich dabei mit dem Gen. des Besitzenden (im Skt. *mamāsti* „ich habe"). Deutlich zeigt dies das folgende Beispiel: *kiṁ ṇatthi mama jaṁ annarāīṇaṁ atthi* „was habe ich nicht, was andere Könige haben?"

95. Das Präs. von Verben der Klasse II wird folgendermaßen konjugiert, wobei nachstehend *kaha* „erzählen" als Beispiel dient:

Singular		**Plural**
1. Pers.	*kahemi*	*kahemo*
2. Pers.	*kahesi*	*kaheha*
3. Pers.	*kahei*	*kahenti*

Der Ursprung dieser Klasse ist im Skt. die 10. Präsensklasse mit dem Kennzeichen *-aya-,* das hier zu *-e-* kontrahiert wird. Wie noch zu zeigen sein wird, gehören zu dieser Klasse auch die Kausativa und die Denominativa.

96. Das Präsens der Verben aus Klasse III (die auf *-ā*, *-e* oder *-o* enden) wird am Beispiel von *de* „geben" wie folgt konjugiert:

Singular		**Plural**
1. Pers.	*demi*	*demo*
2. Pers.	*desi*	*deha*
3. Pers.	*dei*	*denti*

97. Das **Präteritum** hat gegenüber dem Skt. erhebliche Einbußen erlitten. Es wird ohne Augment für alle Personen im Sing. mit der Endung *-itthā*, im Pl. mit *-iṁsu* gebildet; *kara* „machen, tun" bildet also *karitthā* und *kariṁsu.*
Beide Endungen sind Überreste des sanskritischen *iṣ*-Aorists.

98. Von großer Bedeutung ist das Part. Prät. Pass. (PPP), das im Skt. auf *-ta*, *-ita*, manchmal auf *-na* endet. In der AMg. lautet die Endung *-iya* oder *-ya*; *bhakkha* („essen") bildet also *bhakkhiya*, *jā* („gehen") *jāya.* Sehr häufig wird das PPP zur Bildung des Präteritums verwendet. Dies war schon im Skt. der Fall: *gato 'smi* „ich bin gegangen"; *sa gataḥ* „er ist gegangen". Für die AMg. ist folgendes Beispiel repräsentativ: *dahiṇāo disāo āgao aṁsi* „aus der südlichen Himmelsrichtung bin ich gekommen".

Besonders beliebt sind Passivkonstruktionen: *rāmeṇa ciṁtiyaṁ* „Rāma überlegte" („von Rāma wurde überlegt"); *gaṇiṇā dhammo bhāsio* „der Mönchsscharenleiter legte die Lehre dar" („vom Mönchsscharenleiter wurde die Lehre dargelegt“); *vagghena migo diṭṭho* „der Tiger erblickte die Gazelle“ („die Gazelle wurde vom Tiger erblickt“); *purisena bhaṇiyaṁ* „der Mann sprach“ (von dem Mann wurde gesprochen“); *vaṇīmageṇa annaṁ bhakkhiyaṁ* „der Bettler verzehrte die Speise“ („vom Bettler wurde die Speise verzehrt“).

Wie im Skt. gibt es beim PPP auch in der AMg. zahlreiche Unregelmäßigkeiten, etwa: *gaya* (von *gaccha*) „gegangen“, *laddha* (von *labha*) „erhalten“, *gīya* (von *gā*) „gesungen“, *haya* (von *haṇa*) „getötet“, *kaya* (von *kara*) „getan“, *dinna* (von *dā*) „gegeben“, *diṭṭha* (von *pāsa*) „gesehen“, paviṭṭha (von *pavisa*) „eingetreten“, *vutta* (von *vaya*) „gesprochen“ und manche andere.

Das Hilfszeitwort *as* greift auf das sanskritische Impf. zurück (*āsīt*) und bildet *ahaṁ āsi* „ich war“. Ähnlich verhält sich *brū* „sprechen“; hier wird Skt. *abravīt* zu *abbavī*: *sāhuṇo imaṁ vayaṇaṁ abbavī* „Heilige hielten diese Rede“.

ho („sein“) bildet *hotthā*: *tattha maharisī hotthā* „dort war ein großer Seher“. Wie schon bemerkt, sind *āhu* und *āhaṁsu* Reste des sanskritischen Perfekts.

99. Das **Futurum** drückt nicht nur die Zukunft aus, sondern kann (ähnlich wie im Deutschen) auch Zweifel beinhalten. Häufig wird es in Konditionalsätzen gebraucht. Es kann auf mehrfache Weise gebildet werden. Am häufigsten ist die folgende Bildung am Beispiel *kara* („machen, tun“):

	Singular	**Plural**
1. Pers.	*karissāmi, karissaṁ*	*karissāmo*
2. Pers.	*karissasi*	*karissaha*
3. Pers.	*karissai*	*karissanti*

Diese Bildung entspricht der des Skt. mit dem Suffix *-iṣya*. Die Personalendungen sind bereits aus dem Präs. bekannt. Einige leichte Unregelmäßigkeiten fallen nicht sehr ins Gewicht, da das Fut. am Infix *-issa-* gut zu erkennen ist.

Das Fut. kann jedoch auch durch ein weiteres Infix, nämlich *-ihi-*, gekennzeichnet werden. Als Beispiel diene hier *gama* („gehen“):

	Singular	**Plural**
1. Pers.	*gamihimi, gamihāmi*	*gamihimo, gamihāmo*
2. Pers.	*gamihisi*	*gamihiha*
3: Pers.	*gamihii*	*gamihinti*

Beispiel: *jo eyaṁ daṇḍaṁ geṇhissai so rāyā hohii* „wer diesen Stab ergreifen wird, wird König".

Einige Verben haben für das Fut. eine besondere Basis; so hat *de* („geben") *daccha, vaya* („sprechen") *voccha, suṇ* („hören") *soccha.*

100. Das **Partizip des Präsens** folgt dem Skt. sowohl in dessen Parasmaipada als auch in dessen Ātmanepada. Die Endungen sind demzufolge *-anta* (*-aṁta*) bzw. *-māṇa.*

kara („machen, tun") bildet also *karaṁta* bzw. *karamāṇa* („machend"), *pāsa* („sehen") *pāsaṁta* bzw. *pāsamāṇa* („sehend"). Endet die Wurzel auf *-e* oder *-o*, lautet die Endung *-nta*: *ho* („sein") bildet also *honta* („seiend"). Ist *ā* der Auslaut der Wurzel, wird als Übergang ein *y* eingefügt; *gā* („singen") bildet also *gāyanta* („singend"). Einige Unregelmäßigkeiten in Verbindung mit dem Suffix *-māṇa* sind ohne große Bedeutung. Die Endungen *-nta* und *-māṇa* bilden das Femininum nicht auf *-ā* sondern auf *-ī*. Für das Part. Präs. Pass. folgt hier noch ein Beispiel: *saṁtuṭṭhamanasā dijjamāṇāiṁ dāṇāiṁ ahiyayaraṁ puṇṇaṁ pasavanti* „mit freudigem Sinn gewährte Gaben bewirken besonders großes Tugendverdienst".

101. Der **Imperativ** ist nicht nur Befehlsform; dies ist er am ehesten in der 2. Pers. In der 1. Pers. bezeichnet er eine Absicht oder einen Wunsch. In der 2. Pers. ist er zudem Aufforderung oder Mahnung. In Verbindung mit der Partikel *mā* beinhaltet er ein Verbot. In der 3. Pers. sind die Bedeutungen vielfältig; so können sie auch eine Erlaubnis indizieren: *evaṁ bhavau* („so möge es sein!") Meist aber handelt es sich um eine Aufforderung: *vejjo gilāṇassa osahaṁ deu* („der Arzt soll dem Kranken Medizin geben").

Am Beispiel *pāsa* („sehen") zeigen sich die Imper.-Formen wie folgt:

	Singular	**Plural**
1. Pers.	*pāsāmu*	*pāsāmo*
2. Pers.	*pāsāsu, pāsāhi, pāsa*	*pāsaha*
3. Pers.	*pāsāu*	*pāsantu*

Während die 1. Pers. Sing. keine Skt.-*chāyā* erkennen lässt, spiegeln die 3. Pers. die Skt.-Formen (*-tu, -ntu*) deutlich wider. In der 2. Pers. Sing. deuten sich Formen der athematischen Konjugation (*-hi*), der thematischen Konjugation (endungslos) und des Ātmanepada (*-su* < *-sva*) an. Im Pl. entstammen die 1. und die 3. Pers. dem Indikativ.

102. Der **Optativ** kann einen Wunsch, eine Möglichkeit oder eine höfliche Aufforderung ausdrücken. Er wird auch in Konditionalsätzen verwendet. Am Beispiel *pāsa* („sehen") werden hier die jeweiligen Formen verdeutlicht:

	Singular	**Plural**
1. Pers.	*pāsejjāmi, pāsejjā*	*pāsejjāma*
2. Pers.	*pāsejjāsi, pāsejjā*	*pāsejjāha*
3. Pers.	*pāsejjā, pāse*	*pāsejjā*

Bei diesen Endungen und Infixen hat sich offensichtlich die sanskritische Form der 1. Pers. Sing. (vgl. *labheyam, bhareyam*) durchgesetzt. Einige Überreste aus dem Skt. spielen noch eine bestimmte Rolle, so *siyā* (aus *syāt*) „es mag sein". Beispiel: *kiṁ paraṁ maraṇaṁ siyā* („was mag nach dem Tode sein?") Einige Formen sind besonders zu beachten: *kujja* < Skt. *kuryāt* in der 3. Pers. Sing. („er, sie, es möge tun"); ebenso: *būyā* < *brūyāt* („er, sie, es möge sprechen").

103. Wie im Skt., so spielt auch in der AMg. das **Gerundium**, auch als **Absolutiv** bezeichnet, eine große Rolle. Im Allgemeinen kann es mit „nachdem, als" übersetzt werden. Die Abs. haben die Möglichkeit, verschiedene Endungen zu nehmen, wobei es (anders als im Skt.) keine Rolle spielt, ob das betreffende Verb ein Präfix hat oder nicht. Am häufigsten ist die Endung *-ttā* (aus *-tvā*). Aus *-tvā* ist auch die Endung *-ccā* abgeleitet. Auch sanskritisches *-ya* kommt vor, daneben *-iūṇa*.
Beispiele: *samaṇo kammaṁ khavittā mokkhaṁ gacchai* „nachdem ein Bettelmönch das *kamma* vernichtet hat, gelangt er zur Erlösung"; *khavittā* ist Abs. des Kaus. von *khava* II (Skt. *kṣi*). *putto silogaṁ suṇiūṇa pucchai* „nachdem der Sohn den Vers gehört hat, fragt er".

104. Wie im Skt., so kann auch in der AMg. fast jedes Verb eine abgeleitete Form bilden, die als **Kausativum** bezeichnet wird. Damit wird ausgedrückt, dass das von der Wurzel Wiedergegebene veranlasst wird. So würde im Deutschen aus „sitzen" im Kaus. „sitzen lassen" oder „setzen". Um das Kaus. zu bilden, fügen die Wurzeln auf *-ā -ve* an; endet die Wurzel auf *-a*, wird *-āve-* oder *-e* angefügt. Beispiele: *pāsa* („sehen") > *pāsave* „sehen lassen, zeigen"; *kara* („machen, tun") > *kare* („tun lassen"). Damit entspricht das Kaus. der Konjugation von Verben der Klasse II. Das im Skt. gebräuchliche Kennzeichen des Kaus. *-aya-* wird also in der AMg. zu *-e-*; sanskritisches *-paya-* > *-ve-*. Der Wurzelvokal unterliegt gelegentlich Veränderungen, doch sind die Kaus. durch die Infixe *-e-* oder *-ve-* im Allgemeinen leicht zu erkennen. Beispiele: *atthi kovi je maṁ sikkhāvei* „gibt es jemanden, der mich belehrt?"; *adinnaṁ* *samaṇā appaṇā na geṇhanti no ya paraṁ geṇhāventi* „Nichtgegebenes nehmen Mönche selbst nicht und lassen es auch keinen anderen nehmen".

105. Das **Gerundivum** besagt, dass etwas zu tun ist oder dass etwas geschehen muss. Die Endung ist *-yavva* (wenn die Wurzel auf *-a* auslautet, *-iyavva*). Diese Endungen entsprechen dem sanskritischen *-tavya*. Aber auch die Skt.-Endung *-anīya* hat in der AMg. eine Fortsetzung, nämlich in der Endung *-ṇijja*.

Folgende Beispiele mögen dies veranschaulichen: *savve pāṇā na hantavvā* „alle Lebewesen sind nicht zu töten" = „kein Lebewesen darf getötet werden"; *tumhehiṁ ujjāṇe gaṁtavvaṁ* „du solltest in den Garten: gehen" – eine für die AMg typische Passivkonstruktion; *je māyaraṁ ca piyaraṁ ca posenti pasaṁsaṇijjā bhavanti* „diejenigen, die die Mutter wie auch den Vater ernähren, sind zu lobpreisen".

106. Der **Infinitiv** drückt eine Absicht oder einen Zweck aus. Wurzeln auf *-a* bilden den Inf. durch Suffigierung von *-ittae* oder *-ettae*; aus *pāsa* („sehen") wird *pāsettae* („um zu sehen"). Diese Suffixe gehen auf die vedischen Endungen *-tave*, *-tavai* zurück, die wiederum Ableitungen von einem Nomen *tu* sind. Wurzeln auf *-ā*, *-e* und *-o* nehmen die Endung *-uṁ*: *dāuṁ* („zu geben"), *houṁ* („zu werden"). Wurzeln auf *-a* können auch die Endung *-iuṁ* nehmen: *pāsiuṁ* („zu sehen"). Die Endungen *-uṁ* und *-iuṁ* gehen auf Skt. *-tum* zurück (das im Vedischen der Akk. eines Nomens *tu* war).

Beispiele für den Gebrauch des Inf.: *so vi na sakkai coraṁ geṇhiuṁ* („selbst er kann den Dieb nicht ergreifen"); *so bhikkhaṁ laddhuṁ arihai* („er verdient, Almosen zu erhalten").

107. **Denominative**, also von einem Nomen abgeleitete Verben wie *kama* („wünschen"), werden wie die Verben der Klasse II konjugiert.

108. Um das **Passiv** zu bezeichnen, wird zwischen die Wurzel und die Personalendung *-ijja-* eingefügt. Dieses Infix entspricht dem sanskritischen *-ya-*. In der AMg. gibt es jedoch keine Ātmanepada-Endungen wie im Skt.

Beispiele: *sāhuṇā dhammo kahijjai* („von dem Heiligen wird die religiöse Lehre dargelegt"); *pucchio tehiṁ* („sie fragten ihn"); *bhārahe vāse rāyagihaṁ ṇāma ṇayaraṁ vijjai* („in Bhāratavarṣa [Indien], gibt es eine Stadt namens Rājagṛha").

109. Zahlreiche Wurzeln haben **Präfixe,** wodurch ihre Bedeutung modifiziert werden kann. Die Präfixe haben die Funktion von Präpositionen in Verbindung mit einem Verb. Hier werden die wichtigsten von ihnen aufgelistet; eingeklammert ist die Skt.-*chāyā*:

ai- (*ati-*) „über … hinaus“;
aṇu- (*anu-*) „nach, entlang“;
ava- (*apa-*) „fort, weg“;
abhi- (*abhi-*) „gegen, zu“;
ava- (*ava-*, also wie bei *apa-*) „herunter, weg“;
ā- (*ā-*) „herbei, her“;
ud- (*ud-*) „empor, hinaus“;
uva- (*upa-*) „herzu, hin, gegen“;
dus- (*dus-*) „übel, schlecht“;
ṇi- (*ni-*) „nieder, hinein“;
ṇis- (*nis-*) „weg“;
pa- (*pra-*) „vorwärts, hervor“;
pari- (*pari-*) „um ... herum“;
paḍi- (*prati-*) „entgegen, zurück“;
vi- (*vi-*) „auseinander“;
saṁ- (*sam-*) „zusammen“;
su- (*su-*) „gut, wohl, sehr“.

110. Präpositionen können aber auch mit Nomina verbunden sein.
Mit Instr. verbunden sind: *saha* („mit“), *viṇā* („ohne“), mit Gen.: *uvari* („über“), *samīvaṁ* („nahe“); und *heṭṭhā* („unter“).

Kapitel 5: Syntax

111. Einen **bestimmten Artikel** gibt es nicht. Statt seiner wird, wenn erforderlich, ein Pron. dem. gebraucht.

Der **unbestimmte Artikel** wird durch *ega* ausgedrückt. Zu dessen Deklination s. **88.**

112. Da schon bei der Besprechung der Kasus auf deren syntaktische Relevanz verwiesen wurde, muss hier nur kurz auf das syntaktisch Wesentliche eingegangen werden. Das Subjekt steht gewöhnlich voran, das Prädikat schließt den Satz. Jedoch hat sich die AMg. bei der Wortstellung ein hohes Maß an Freiheit bewahrt. Ein Pron. interr. steht allerdings immer am Satzanfang und das Akkusativobjekt vor dem Verb. Zwei Beispiele zur Verdeutlichung folgen:
jaṇā mahuraṁ annaṁ bhakkhanti („die Menschen essen süße Speise“); *putto ayariyaṁ pasiṇe pucchai* („der Sohn richtet an den Lehrer Fragen“).

Adjektive stehen vor dem zugehörigen Nomen und stimmen mit diesem in Numerus, Genus und Kasus überein:

taruṇā kaṇṇā („junges Mädchen"); *hariyesuṁ ujjāṇesuṁ* („in den grünen Gärten"); *sujaṇo pharusaṁ vayaṇaṁ na bhaṇai* („ein guter Mensch führt keine grobe Rede").

113. Die direkte Rede wird wie im Skt. durch *iti* oder *tti* bezeichnet, das sie schließt; Beispiele: *‚aṇagārā mo' tti ahaṁsu* („‚wir sind Mönche', sprachen sie"); *tti bemi* („so sage ich").

114. Komposita werden von den Prākr̥t-Grammatikern nicht eigens behandelt; man folgt daher den Gepflogenheiten des Skt. In der AMg. unterscheidet man vier Grundtypen: 1. kopulative Komposita (*Dvandva*); 2. determinative Komposita (*Tatpuruṣa*); 3. possessive Komposita (*Bahuvrīhi*); 4. adverbiale Komposita (*Avyayībhāva*).

Dvandva sind Komposita, die bei Auflösung mit *ca* („und") verbunden werden müssen. Sie können aus zwei oder mehreren Nomina bestehen: *bhattapāṇa* „Speise und Trank".

Tatpuruṣa im engeren Sinne drücken ein Kasusverhältnis aus. Das erste Glied kann in jedem Kasus außer im Nom. und Vok. stehen; sehr oft steht es im Gen. Ein deutsches Analogon ist „Haustür". Ein Beispiel aus der AMg. ist im folgenden Satz enthalten: *samaṇavatthāṇi dussīlaṁ na tāyanti* („Mönchsgewänder retten den, der einen schlechten Charakter hat, nicht"). In der Literatur findet sich häufig *rāyaputta* („Königssohn"). Bei diesen Beispielen vertritt das Vorderglied einen Gen.; es kann aber auch einen Akk. vertreten, etwa in *gāmagaya* („ins Dorf gegangen"). Dass ein Abl. vom Vorderglied vertreten wird, ist auch im Deutschen möglich (z. B. in „herzensgut"). Ein Beispiel aus der AMg. ist *dumapaḍiya* („vom Baum gefallen"). Auch für den Lok. finden sich in beiden Sprachen Beispiele, im Deutschen „Waldhütte", in der AMg. *vaṇakamma* („Forstarbeit").

Bei einem *Tatpuruṣa* im weiteren Sinne ist das erste Glied ein Adj.; man spricht dann von einem *Karmadhāraya*. Hier stehen beide Glieder in demselben Kasus. Ein deutsches Beispiel ist „Neustadt", ein Beispiel aus der AMg. *mahārāya* („Großkönig"). Aber auch die Kombination von zwei Nomina ist möglich, beispielsweise *purisasiṁha* („ein Mann wie ein Löwe"). Manchmal sind beide Glieder Adj., etwa *pīyaratta* („gelbrot").

Ist das erste Glied ein Zahlwort, bezeichnet man das Kompositum als *Dvigu*. Ein deutsches Beispiel ist „Dreisatz", ein anderes „Zweikampf". AMg.-Beispiele sind *domāsaṁ* („zwei Monate") und *tipuraṁ* („drei Städte").

Bahuvrīhi-Komposita sind oft schwer verständlich, da sie im Deutschen keine Parallele haben. Das Schlussglied ist ein Nomen, das Kompositum selbst aber ist ein

Adj. Dieser letztere Umstand wird oft übersehen; darum sind Versuche einer Bahuvrīhi-Nachbildung, etwa mit „Dickkopf", „Langfinger" oder „Schöngeist" zum Scheitern verurteilt, da sie kein Adj. darstellen. Um ein solches zu erhalten, muss „habend" oder „besitzend" hinzugefügt werden: *ghoraguṇa* „außerordentliche Eigenschaften besitzend"; *aṇagāre* „der kein Haus hat" (Epitheton eines Mönchs). Auch Sanskritisten haben mitunter Schwierigkeiten, ein *Tatpuruṣa* von einem Bahuvrīhi zu unterscheiden. Macht man sich aber klar, dass Letzteres ein Adj. sein muss, ist die Unterscheidung nicht mehr problematisch.

Schließlich sei noch kurz auf die *Avyayībhāva*-Komposita eingegangen. Hier ist das erste Glied ein Indeklinabile, das Schlussglied ein Nomen, das im Akk. Sing. steht. Beispiele sind: *jāvajjīvaṁ* („lebenslänglich") und *jahāsuhaṁ* („nach Belieben").

Teil II: Textbeispiele

Bereits eingangs wurde darauf hingewiesen, dass das Studium der AMg. vorwiegend aus dem Grund erfolgt, um sich einen direkten Zugang zu den Quellen des Jinismus zu erschließen. Es soll daher anhand einiger Originaltexte gezeigt werden, wie man die hier gegebene Einführung in die AMg. beim Studium jinistischer Primärquellen nutzen kann. Zur Deutung religionsgeschichtlicher Termini sei das vom Verfasser vorgelegte *Wörterbuch des kanonischen Jinismus* (Wiesbaden 2005) empfohlen.

Begonnen wird mit zwei Auszügen aus dem *Dasaveyāliya*. Anhand der in Kapitel 2 dargelegten Hinweise zur Lautumwandlung sollte nun ständig versucht werden, von der AMg.-Version auf die Skt.-*chāyā* zu schließen. Mit dem Werkstitel *Dasaveyāliya* soll begonnen werden.

Ein *s* in der AMg. kann auf Skt. *s*, *ś* oder *ṣ* zurückgehen. Anhand der in **6** und **25** gegebenen Hinweise findet man heraus, dass das *s* hier auf *ś* und damit auf Skt. *daśan* („zehn“) zurückgeht. Aus **46** wird ersichtlich, dass Skt. *ai* oft zu *e* wird und aus **12** geht hervor, dass Skt. *k* durch *y* ersetzt werden kann. So wird aus *Dasaveyāliya*, die *chāyā Daśavaikālika* ermittelt.

Interpretiert wird dieser Titel gewöhnlich als „Zehn (Kapitel) über die (vorgeschriebene Studien-)Zeit hinaus“. Das Werk ist der Name des dritten *Mūlasutta*. Traditionell gilt als Verfasser Sejjaṁbhava (Skt. Śayyambhava). Dieser wollte seinem Sohn Maṇaga, der nur noch sechs Monate zu leben hatte, die Grundbegriffe der Jaina-Lehre nahebringen. Es handelt sich also weniger um das Resultat originellen Denkens als um eine Kompilation. Nichtsdestoweniger ist das Werk eine vorzügliche Einführung in den Jinismus. Der Inhalt besteht hauptsächlich aus Regeln zum Mönchsleben. Im Mittelpunkt stehen die Arten des Almosennehmens, die rechte Rede, das Verhalten der Schüler zum Lehrer, die Nichtschädigung von Lebewesen und die Gefahr des Rückfalls ins weltliche Leben. Im Folgenden wird mit der Wiedergabe des ersten Kapitels begonnen.

Text 1: Dasaveyāliyasutta

दुमपुप्फिया

1. धम्मो मंगलमुक्कट्ठं अहिंसा संजमो तवो ।

देवा वि तं णमंसंति जस्स धम्मे सया मणो ॥

2. जहा दुमस्स पुप्फेसु भमरो आवियइ रसं ।

ण य पुप्फं किलामेइ सो य पीणेइ अप्पयं ॥

3. एमेए समणा मुत्ता जे लोए संति साहुणो ।

विहंगमा व पुप्फेसु दाण-भत्तेसणे रया ॥

4. वयं च वित्तिं लब्भामो ण य कोइ उवहम्मई ।

अहागडेसु रीयंते पुप्फेसु भमरा जहा ॥

5. महुकार-समा बुद्धा जे भवंति अणिस्सिया ।

णाणा-पिंड-रया दंता, तेण वच्चंति साहुणो ॥ त्ति बेमि ।

Dieser Text erscheint in gebundener Sprache, also in Versen. Das Metrum besteht aus 4 x 8 Silben, ist also ein *śloka* (im Skt., in der AMg. *siloga*).

1. *duma* ist im Skt. *druma* („Baum"); in der AMg. kann kein Wort mit einer Ligatur anlauten.

Das *pph* in *pupphiyā* entspricht sanskritischen *ṣp*, und das *y* ersetzt, wie so oft, ein *k*. Die Bedeutung ist also „Baumblüten betreffend".

In Vers 1 ist *dhammo* aufgrund der Deklinationstabelle in **77** ein Nom. Sing.; die *chāyā* ist *dharma*; es liegt also eine regressive Assimilation vor.

ukkaṭṭha geht auf Skt. *utkr̥ṣṭa* zurück; die Assimilation ist also ebenfalls regressiv, und der Übergang von *ṣṭ* in *ṭṭh* ist regelrecht. Silbisches *r̥* hat mehrere Möglichkeiten der Veränderung; hier tritt ein *a* an seine Stelle. Die Bedeutung ist „hervorragend, ausgezeichnet". Um den Sinn eines Satzes zu erfassen, muss häufig ein Hilfszeitwort oder ein anderes Wort ergänzt werden. Das könnte hier einfach „ist" oder „besteht aus" sein. *dhamma*, das der Religion angemessene Leben, besteht zunächst aus einem der wichtigsten Gebote des Jinismus, nämlich *ahiṁsā*; also der Nichtverletzung von

Lebewesen, ferner aus *saṁjama* (Skt. *saṁyama*), also der Selbstzügelung und schließlich aus *tavo*, der Askese (Skt. *tapas*). Das sanskritische intermediale *p* wird nach **22** zu *v*; das auslautende *s* muss wegfallen.

vi („auch, sogar“) ist eine Kürzung aus *api*, und *devā* ist regelrechter Nom. Pl. *ṇamaṁsaṁti* ist eine Ableitung aus dem Denom. (s. dazu **107**) *namasya* („sich verneigen, verehren“).

jassa ist Gen. des Relativpronomens (Skt. *yasya* „dessen“). *sayā* ersetzt, wie so häufig, intermediales *d* durch *y*; die Skt.-Entsprechung ist also *sadā* („immer“).

Um den Satz sinnvoll zu übersetzen, muss wieder etwas ergänzt werden, etwa: „gerichtet ist“: „Selbst die Götter verneigen sich vor dem, dessen Sinn immer auf den Dhamma gerichtet ist.“

2. In der ersten. Zeile von Vers 2 bietet nur *āviyai* Schwierigkeiten. Die *chāyā* lautet *āpibati*. In der AMg. ist das Wort *pī* (III) oder *pia* (I) zuzuordnen; der Sinn ist „schlürfen“.

bhamara ist die „Biene“ (hier im Nom. Sing.), die *rasa*, den „Saft“, schlürft.

jahā geht auf *yathā* zurück; initiales *y* wird nach **7** zu *j*, und die intermedialen Aspiraten behalten nach **19** nur die Aspiration.

kilamei (II) ist Anaptyxe aus *klam* „auslaugen“. Damit aber ein Sinn entsteht, ist das Wort „vollständig“ einzuschieben.

pīṇei entspricht Skt. *prīṇayati* und ist Kaus. von *pī* (III). Die Bedeutung ist „erfreuen“ hier aber wohl besser „sättigen“.

appayaṁ entspricht nach **85** etwa *ātmānam* („sich selbst“). Wie also die Biene den Saft aus den Baumblüten saugt, ohne diese gänzlich auszulaugen, so sättigt sich (der Mönch).

3. Im dritten Vers ist *em* eine Kürzung aus *evaṁ* („so“).

ee ist Demonstrativpronomen und nach **87** Nom. Pl. („diese“).

samaṇa ist Skt. *śramaṇa* und natürlich mit *ee* übereingestimmt, also „diese frommen Mönche“, *je* („welche“) *muttā* – Abs. aus *muktvā* (s. **103**) – „nachdem sie sich von der Welt losgelöst haben“, *saṁti* „sind“ *sāhuṇo* „Heilige“.

Die Form *loe* ist als Lok. schlecht überliefert und jedenfalls verderbt, denn selbstverständlich wäre ein Abl. zu erwarten. (Die Mönche haben sich von der Welt losgelöst; sie sind Heilige.)

In der nächsten Zeile ist *va* eine Kürzung aus *iva* („wie“).

vihaṁgamā, die „Fliegenden“, sind hier die Bienen.

Die Mönche sind wie die Bienen in den Blüten *bhattesaṇe*, „auf der Suche“ (Skt. *eṣaṇā*) „nach Nahrung“ (Skt. *bhakta*) bzw. *dāṇa* „Gaben“, *rayā* „zufrieden gestellt“. *rayā* ist PPP und entspricht Skt. *ratāḥ*.

4. Vers 4 ist nur dann zu verstehen, wenn man den ersten Satz als von den Mönchen gesprochen auffasst. Diese sagen, dass sie ihren Lebensunterhalt (*vitti* < *vṛtti*) bestreiten (genauer: *labh* „erlangen“), wobei *ṇa ya koi* (Skt. *na kaścid*) „niemand“ (von den Almosengebern, die ebensowenig wie die Baumblüten restlos ausgeplündert werden) geschädigt wird.

uvahammai ist eine seltene Passivbildung (Skt. *upahanyate*); es zeigt sich aber auch hier, dass die sanskritischen Ātmanepada-Endungen verschwunden sind.

Größere Schwierigkeiten bringt die folgende Zeile. *ahāgaḍa* geht zurück auf Skt. *yathākṛta*. Es ist dies ein spezifisch jinistischer Terminus: es handelt sich dabei um eine (für einen Mönch) zubereitete (Speise).

rīyante „sie gehen“ (Skt. *ṛ*).

aṇissiyā ist Nom. Pl. eines PPP mit *a privativum*, Skt. *aniśritāḥ*. Die Mönche sind also „auf nichts gestützt“, weder auf Familie noch auf Häuslichkeit; sie haben sich von der Weltlichkeit und insbesondere von allen Begierden losgelöst.

5. *mahukāra*, wörtlich „der Honigzubereiter“ ist die Biene. Hier muss wieder ein Hilfszeitwort ergänzt werden. Den Bienen gleich sind die Weisen, die von nichts mehr abhängig sind.

ṇāṇa ist eigentlich „mannigfaltig“; am besten würde engl. „whatsoever“ passen. Sie sind mit jeder Art von Almosenspeise (*piṁḍa*) zufrieden (*rayā*, PPP aus Skt. *rata*).

daṁtā für „selbstbeherrscht“ ist allerdings nicht korrekt; besser wäre *damiya* zu *dam* (II).

Der Instr. *teṇa* steht hier für „daher, deshalb“. Im Skt. würde der Abl. *tasmāt* bevorzugt.

vaccaṁti ist Pass. (Skt. *ucyante*). Sie, die Mönche, werden als *sāhu* bezeichnet.

Der Verfasser schließt mit *tti*; zur Veränderung des Anlauts in Skt. *iti* vgl. **55**.

bemi (die „Wurzel“ ist *bū* [III]) ist eine Kürzung aus Skt. *bravīmi*. „So sage ich!“ bekräftigt am Schluss noch einmal die Lehren dieser Verse: Wie Bienen den ihnen den Nektar spendenden Pflanzen nicht schaden, so schaden die Mönche nicht ihren Almosenspendern. Doch sollen die Mönche mit jeder ihnen gebotenen Almosenspeise zufrieden sein.

Auch der folgende Text entstammt dem *Dasaveyāliyasutta* und führt den Leser / die Leserin noch näher an die Grundvorstellungen des Jinismus heran. Der Auszug aus dem vierten Abschnitt des ersten Kapitels bietet überdies durch die vielen Wiederholungen (die für die jinistische wie auch für die altbuddhistische Literatur typisch sind) eine bedeutende Erleichterung. Der Abschnitt befasst sich thematisch mit den sechs Gruppen von Seelen; wichtiger als die diesbezügliche Dogmatik ist jedoch der hier wiedergegeben Monolog eines Novizen über Eide, die für den Jinismus von zentraler Bedeutung sind. Der Auszug erscheint also abgesehen vom ersten Satz in der Ich-Form.

Text 2: Dasaveyāliyasutta I, 4 (Auszug)

iccesiṁ chaṇhaṁ jīva-ṇikāyāṇaṁ ṇeva sayaṁ daṁḍaṁ samāraṁbhejjā, ṇevannehiṁ daṁḍam samāraṁbhāvejjā, daṁḍaṁ samāraṁbhaṁte vi anne ṇa samaṇujāṇejjā.

jāvajjīvāe tivihaṁ tiviheṇaṁ maṇeṇaṁ vāyāe kāeṇaṁ ṇa karemi ṇa kāravemi kareṁtaṁ pi annaṁ ṇa samaṇujāṇāmi, tassa bhaṁte paḍikamāmi ṇiṁdāmi garihāmi appāṇaṁ vosirāmi.

paḍhame bhaṁte mahavvae pāṇāivāyāo veramaṇaṁ. savvaṁ bhaṁte pāṇāivāyaṁ paccakkhāmi, se suhumaṁ vā bāyaraṁ vā tāsaṁ vā thāvaraṁ vā. ṇeva sayaṁ pāṇe aivāejjā, ṇevaṇṇehiṁ pāṇe i aivāyāvejjā, pāṇe aivāyante vi anne ṇa samaṇujāṇejjā, jāvajjīvāe tivihaṁ tiviheṇaṁ maṇeṇaṁ vāyāye kāeṇaṁ ṇa karemi ṇa kāravemi kareṁtaṁ pi annaṁ ṇa samaṇujāṇāmi, tassa bhaṁte paḍikkamāmi ṇiṁdāmi garihāmi appāṇaṁ vosirāmi, paḍhame bhaṁte mahavvae uvaṭṭhio mi. savvāo pāṇāivāyāo veramaṇaṁ.

ahāvare docce bhaṁte musāvāyāo veramaṇaṁ. savvaṁ bhaṁte musāvāyaṁ paccakkhāmi se kohā vā lohā vā bhayā vā hāsā vā. ṇeva sayaṁ musaṁ vaejjā, ṇevannehiṁ musaṁ vāyāvejjā, musaṁ vayaṁte vi anne ṇa samaṇujāṇejjā, jāvajjīvāe tivihaṁ tiviheṇaṁ vāyāe kāeṇaṁ ṇa karemi ṇa kāravemi kareṁtaṁ pi annaṁ ṇa samaṇujāṇāmi tassa bhaṁte paḍikkamāmi ṇiṁdāmi garihāmi appāṇaṁ vosirāmi, docce bhaṁte mahavvae uvaṭṭhio mi. savvāo musāvāyāo veramaṇaṁ.

ahāvare tacce bhaṁte mahavvae adinnādāṇāo veramaṇaṁ. savvaṁ bhaṁte adinnādāṇām paccakkhāmi, se gāme vā ṇayare vā raṇṇe vā appaṁ vā bahuṁ vā aṇuṁ vā thūlaṁ vā cittamaṁtaṁ vā acittamaṁtaṁ vā. ṇeva sayaṁ adinnaṁ geṇhejjā, ṇevannehiṁ adinnaṁ geṇhāvejjā, adinnaṁ geṇhaṁte vi anne ṇa samaṇujāṇāmi, tassa bhaṁte paḍikkamāmi, ṇiṁdāmi, garihāmi appāṇaṁ vosirāmi tacce bhaṁte mahavvae uvaṭṭhio mi. savvāo adinnādāṇāo veramaṇaṁ.

ahāvare cautthe bhaṁte mahavvae mehuṇāo veramaṇaṁ. savvaṁ bhaṁte mehuṇaṁ paccakhāmi, se divvaṁ vā māṇusaṁ vā tirikkhajoṇiyaṁ vā. ṇeva sayaṁ mehuṇaṁ sevejjā, ṇevannehiṁ mehuṇaṁ sevāvejjā, mehuṇaṁ sevaṁte pi anne ṇa samaṇujāṇejjā, jāvajjīvāe tivihaṁ tiviheṇaṁ maṇeṇaṁ vāyāe kāeṇaṁ ṇa karemi ṇa kāravemi kareṁtaṁ vi annaṁ ṇa samaṇujāṇāmi, tassa bhaṁte paḍikkamāmi ṇiṁdāmi garihāmi appāṇaṁ vosirāmi, cautthe bhaṁte mahavvae uvaṭṭhio mi. savvāo mehuṇāo veramaṇaṁ.

ahāvare paṁcame bhaṁte mahavvae pariggahāo veramaṇaṁ. savvaṁ bhaṁte pariggahaṁ paccakkhāmi, se appaṁ vā bahuṁ vā aṇuṁ vā thūlaṁ vā cittamaṁtaṁ vā acittamaṁtaṁ vā. ṇeva sayaṁ pariggahaṁ parigeṇhejjā, ṇevannehiṁ pariggahaṁ parigeṇhāvejjā, pariggahaṁ parigeṇhaṁte vi anne ṇa samaṇujāṇejjā, jāvajjīvāe tivihaṁ tiviheṇaṁ maṇeṇaṁ vāyāe kāeṇaṁ ṇa karemi ṇa kāravemi kareṁtaṁ vi annaṁ ṇa samaṇujāṇāmi, tassa bhaṁte paḍikkamāmi ṇiṁdāmi garihāmi appāṇaṁ vosirāmi, paṁcame bhaṁte mahavvae uvaṭṭhio mi. savvaṁ pariggahāo veramaṇaṁ.

ahāvare chaṭṭhe bhaṁte vae rāībhoyaṇāo veramaṇaṁ. savvaṁ bhaṁte rāībhoyaṇaṁ paccakkhāmi, se asaṇaṁ vā pāṇaṁ vā khāimaṁ vā sāimaṁ vā. ṇeva sayaṁ rāiṁ bhuṁjejjā, ṇevannehiṁ rāiṁ bhuṁjāvejjā, rāiṁ bhuṁjante vi anne ṇa samaṇujāṇejjā, rāiṁ bhuṁjante vi anne ṇa samaṇujāṇejjā, jāvajjīvāe tivihaṁ tiviheṇaṁ maṇeṇaṁ vāyāe kāeṇaṁ ṇa karemi ṇa kāravemi kareṁtaṁ pi annaṁ ṇa samaṇujāṇāmi, tassa bhaṁte paḍikkamāmi ṇiṁdāmi garihāmi appāṇaṁ vosirāmi, chaṭṭhe bhaṁte vae uvaṭṭhio mi. savvāo rāībhoyaṇāo veramaṇaṁ.

icceiyāiṁ paṁca mahavvayāiṁ rāībhoyaṇaveramaṇachaṭṭhāiṁ atta-hiyaṭṭhayāe uvasaṁpajjittāṇaṁ viharāmi.

Bereits das erste Wort *iccesiṁ* macht einen recht fremdartigen Eindruck; dennoch ist es vollkommen regelkonform. In **41** wurde die Umwandlung der Ligatur *ty* in *cc* behandelt. Die Skt.-Herkunft ist *ityeṣām*. Dieses Wort und die beiden folgenden Wörter stehen im Gen. Pl. Zu übersetzen ist „gegenüber diesen sechs Gruppen von Seelen“. Von diesen Gruppen war im Vorhergehenden in typisch dogmatischer Form die Rede.

Das Prädikat ist *samāraṁbhejjā*. Hier liegt nach **102** ein Opt. vor und zwar in der 3. Pers. Sing. („er, sie möge unternehmen“).

sayaṁ ist Skt. *svayam* („selbst“).

daṇḍa ist eigentlich „Stock“, in übertragenem Sinne „Strafe“. Hier ist *daṇḍa* jedoch allgemein mit „Böses“ wiederzugeben: Er (sowohl ein Mönch als auch ein Novize) soll also gegen die vordem genannten sechs Gruppen von Seelen nichts Böses unternehmen.

Bei dem Prädikat handelt es sich grammatisch zwar um einen Opt.; der Sinn ist jedoch durchaus imperativisch.

anna ist Skt. *anya*; die Form ist ein Instr. Pl. („durch andere“).

samāraṁbhāvejjā ist Opt. vom Kaus. Man soll also auch nicht andere veranlassen, gegen die sechs Seelengruppen etwas Böses zu unternehmen.

Das nächste Prädikat ist *samaṇujāṇejjā*, wieder ein Opt., diesmal von *samaṇujāṇa* (Skt. *samanujñā* „erlauben“).

samārambhante ist ein Locativus absolutus (s. hierzu **74**).

vi ist eine häufige Kurzform von *api* („auch, sogar“).

Es reicht also nicht aus, dass man selbst nichts Böses tut; man soll also auch andere nicht veranlassen, Böses zu tun. Selbst wenn man nur sieht, dass andere Böses tun, soll man das nicht dulden.

Von nun an spricht der Novize selbst. Bevor er die sechs großen Eide ablegt, verpflichtet er sich zu Folgendem: *jīvajjīvāe* (am besten zu übersetzen mit:) „solange ich lebe“, denn der Text geht jetzt wieder in die Ich-Form über.

Nun folgt eine Reihe von Instr., die auf *tivihaṁ* (Skt. *trividham*) „auf dreifache Weise“ zurückgehen, und zwar in negativer Hinsicht: „Weder durch den Geist noch durch die Sprache noch durch den Körper will ich (zu ergänzen ist: Böses) tun und auch nichts (Böses) veranlassen und auch keinem anderen, der (etwas Böses) tut, dies gestatten.“

bhante. ist abgeleitet von Skt. *bhadanta* „o Ehrwürdiger“ (womit stets Mahāvīra gemeint ist).

tassa (Skt. *tasya*) („davon“, nämlich, wenn es doch geschehen sollte), dann *paḍikkamāmi* (Skt. *prati-kram*) „will ich umkehren“. Wie so oft, unterlegt der Jinismus bekannten Wörtern eine neue Bedeutung. *paḍikkama* bedeutet hier „umkehren“ in speziellem religiösem Sinn, nämlich „bereuen“.

Die nächsten Verben können dem Glossar entnommen werden: Der reuige Sünder übt Selbstkritik.

vosirāmi ist eine sehr starke Konzentration aus Skt. *sṛj* + *vi* + *ud* „aufgeben, verlassen“.

paḍhama ist Skt. *prathama*.

mahavvaya (Skt. *mahāvrata*) ist ein „großer. Eid“, ein „strenges Gelübde“.

Das erste strenge Gelübde besteht im *veramaṇa* (Skt. *viramaṇa*) „Sichenthalten“[2].

Nun muss ein Abl. derjenigen Aktion folgen, deren man sich enthalten muss. Dies ist *pāṇāivāyāo* (Skt. *prāṇātipātāt*), also der Tötung von Lebewesen, eines der wichtigsten Gebote des Jinismus.

Es ist daher nicht verwunderlich, dass der Novize gerade diesen Eid nochmals bekräftigt: *savvaṁ pāṇāivāyāṁ paccakkhāmi* „ich weise jegliche (*savvaṁ*) Tötung von Lebewesen zurück.

paccakkhā „zurückweisen“ gehört zur Konjugationsklasse III (Skt. *pratyā-khyā*).

[2] Der aus der Devanāgarī-Schrift bekannte *virāma* ist hiermit verwandt.

Die folgenden Adj. finden sich im Glossar. Der Novize weist die Tötung aller Lebewesen zurück, mögen sie „zart sein oder massig, beweglich oder unbeweglich".

Nun folgen schon bekannte Sätze: Er will niemanden zur Tötung von Lebewesen anstiften und auch nicht dulden, dass ein anderer ein Lebewesen tötet.

Am Schluss bekräftigt der Novize diesen Eid. Den ersten großen Eid hat er nun abgelegt: *uvaṭṭhio mi* (Skt. *upasthito 'smi*).

Die Reihe der Eide wird nun fortgesetzt mit *ahāvare*. Besser wäre allerdings das Adv. *ahāvaraṁ* (Skt. *athāparam*) „außerdem", hier aber wohl besser mit „nun folgt" zu übersetzen.

Was folgt, ist leicht zu erraten: *docce mahavvae*, der zweite große Eid. Da man den Zusammenhang kennt, ist die Übersetzung nicht schwer; ansonsten wäre *docce* aus Skt. *dvitīya* nicht leicht abzuleiten.

Wovon jetzt Abstand genommen werden soll, ist *musāvāya* (Skt. *mr̥ṣāvāda*), also die „lügenhafte Rede".

Der folgende Text ist mit dem aus dem vorangegangenen Eid identisch. Der Novize schließt mit der Versicherung, dass er von jeglicher Lügenrede Abstand nehmen will. Der Grund, warum gelogen wird, spielt dabei keine Rolle. Ob aus Zorn (*koha* [Skt. *krodha*]), Gier (*loha* [Skt. *lobha*]), Furcht (*bhaya*, so auch im Skt.) oder aus Spott (*hāsa*, so auch im Skt.) gelogen wird, ist unerheblich; er, der Novize, will sich jedenfalls jeglicher Lügenrede enthalten.

Da auf den zweiten der dritte Eid folgen muss, wird die Definition von *tacce* als Ableitung aus Skt. *tr̥tīya* klar. Selbstverständlich ist sie nicht, denn *tacca* ist ein Homonym und könnte auch aus *tattva* oder *tathya* abgeleitet sein. Nicht immer fällt die Entscheidung über die Bedeutung eines Homonyms so leicht wie hier.

Bei diesem dritten großen Eid geht es um *adinnādāṇāo* (Abl.), also um das Sichenthalten „des Nehmens von Nichtgegebenem". Weniger umständlich ausgedrückt bedeutet das: Man soll nicht stehlen.

Zu ergänzen ist dabei wieder „sei es": „in einem Dorf" (Skt. *grāma*) oder „in einer Stadt" (Skt. *nagara*) oder „in einem Wald" (Skt. *araṇya*; hier wäre die Schreibweise *raṇṇe* besser);

sei es „ein wenig" (Skt. *alpa*) oder „viel" (*bahu* ist Tatsama, gegenüber dem Skt. also unverändert), sei es „winzig" (Skt. *aṇu*, also wieder ein Tatsama) oder „massig" (statt *thūla* [Skt. *sthūla*] hätte auch *thulla* stehen können), sei es „belebt" oder „unbelebt". Von jeglichem Diebstahl will der Novize Abstand nehmen.

Nun folgt der vierte (*cauttha*, Skt. *caturtha*) große Eid. Dabei handelt es sich um die im Jinismus mit besonderer Strenge eingeforderte Keuschheit, um den völligen Verzicht auf Geschlechtsverkehr (*mehuṇa* [Skt. *maithuna*]). Die den alten Indern

(nicht nur den Jainas) eigene Freude am Kategorisieren und Rubrizieren führt hier allerdings zu einer Sinnentstellung, denn der Novize gelobt, dass er weder mit einem göttlichen (*divya* [Skt. *divya*]) noch mit einem menschlichen noch mit einem einem Tierschoß entsprossenen (zu ergänzen ist: „Wesen") geschlechtlich verkehren will.
tirikkhajoṇi (Skt. *tiryagyoni*) ist der „Tierschoß". Dass sich der Novize gegen Sodomie ausspricht, ist vernünftig, Dass er sich aber auch der Kohabitation mit einem göttlichen Wesen enthalten will, ruft Unverständnis hervor, denn eine solche Versuchung würde ohnehin niemals an ihn herantreten.

Der fünfte (*pañcama* ist Tatsama) große Eid ist religionsgeschichtlich von besonderer Bedeutung. Es handelt sich um den Verzicht auf Besitzgier (*pariggaha* [Skt. *parigraha*]). Besonders wichtig ist, dass es im Verlauf nicht nur um den Verzicht auf die Gier geht, sondern um den Besitz als solchen, sei er – die folgenden Adj. wurden schon bei der Erörterung des dritten großen Eides behandelt – „wenig" oder „viel", „winzig" oder „massig", „belebt" oder „unbelebt".
Der Novize bekräftigt, es handele sich um den Verzicht auf jeglichen (*savvāo* [Skt. *sarvasmāt*]) Besitz. Die Jainas von heute ignorieren allerdings vielfach diesen fünften großen Eid. Für sie ist es leichter, den sechsten (*chaṭṭha* [Skt. *ṣaṣṭha*]) Eid einzuhalten.
Bei diesem handelt es sich um den Verzicht auf Essen bei Nacht (*rāibhoyaṇa* [Skt. *rātribhojana*]); es soll weder „feste" (*asaṇa* [Skt. *aśana*]) noch „flüssige (*pāṇa* [Skt. *pāna*]) Nahrung" genossen werden und auch keine, die „gewürzt" (*khāima*; ob hierfür *khādima* die *chāyā* ist, bleibt unklar) oder „gesüßt" (*sāima* [Skt. *svādiman*]) ist.

iccheiyāiṁ (Skt. *ityetakāni*) „diese", nämlich die fünf großen Eide mit dem Verzicht auf nächtliches Essen als sechstem, so schließt der Novize; hat er *attahiyaṭṭāe* (Skt. *ātmahitārthāya*) „für sein eigenes Heil" (hier schimmert der alte sanskritische Dat. durch) *uvasaṁpajja* (Skt. *upasampad*) „vollzogen" (die Form im Text ist ein Abs.) und er „lebe" (*vihara* [Skt. *vi-hr̥*]) – die ansonsten gebräuchliche Übersetzung „lustwandeln, sich vergnügen" würde hier nicht passen – und zwar (zu ergänzen ist:) „danach", nämlich unter Beachtung dieser sechs großen Eide.

Als nächstes folgt ein Textausschnitt aus dem *Sūyagaḍaṁga*. Die *chāyā* dieses Titels ist bis heute ungewiss. Die lange Zeit und auch von einem großen Gelehrten wie Hermann Jacobi gebrauchte Form *sūtrakr̥tāṅga* ist jedenfalls unrichtig, da aus *sūtra* in progressiver Assimilation *sutta* werden müsste, also *sūya* nicht entstehen kann. Nicht gesichert ist auch die Form *sūcākr̥tāṅga*, die man allenfalls als „Unterscheidung zwischen richtiger und falscher Lehre" interpretieren könnte. In der Tat würde eine solche Deutung gut zur Thematik dieses zweiten Aṁga passen, das zu den vier ältesten Werken des Jaina-Kanons gehört. Im Vordergrund stehen Warnungen und Ermahnungen, besonders an die jungen Mönche, die damit gegen Anfechtungen und Verführungen, auch durch abweichende Lehren, gefeit werden sollen. In der Hauptsache zählten dazu – ähnlich wie im älteren Buddhismus – die Bitten und Widersprüche von Familienangehörigen, die weltlichen Ehren und Reichtümer und vor allem die Frauen. Die misogyne Haltung der Jainas übertrifft noch die der Buddhisten. Sie ist so typisch, dass hier als Textprobe ein Ausschnitt aus Sūyagaḍaṁga I, 4, 1 folgt. Dieser Ausschnitt heißt *Iṭṭhīpariṇṇā*; die *chāyā* lautet *Strīparijñā* (etwa: „Kenntnis von den [oder: über die] Frauen"). Da in der AMg. niemals drei Konsonanten am Wortanfang stehen können, erfolgt als Auflockerung durch das *i* eine Prothesis.

Text 3: Iṭṭhīpariṇṇā

01. je māyaraṁ ca piyaraṁ ca / vippajahāi puvva-saṁjogaṁ
„ege 'sahie carissāmi / āraya-mehuṇo vivittesi",

02. suhumeṇā taṁ parakkamma / channa-paeṇa iṭṭhio maṁdā
uvāyā tāo jāṇiṁsu, / jaha lissaṁti bhikkhuṇo ege.

03. pāse bhisaṁ ṇisīyaṁti, / abhikkhaṇaṁ, posa-vatthā parihiṁti,
kāyaṁ ahe vi daṁsaṁti ...

04. sayaṇāsaṇehī jogehī / iṭṭhio egayā ṇimaṁteṁti:
eyāṇi ceva se jāṇe / pāsāṇi virūva-rūvāṇi.

05. ṇo tāsu cakkhu saṁdhejjā / ṇo vi ya sāhasaṁ samabhijāṇe,
no saddhiyaṁ pi viharejjā: / ēvaṁ appā surakkhio hoi.

06. āmaṁtiya-ussaviyaṁ vā / bhikkhum āyasā ṇimaṁteṁti:
eyāṇi ceva se jāṇe / saddāṇi virūva-rūvāṇi.

07. maṇa-baṁdhaṇehi ṇegehī / kaluṇa-viṇīyam uvagasittāṇaṁ
adu maṁjulāī bhāsaṁti, / āṇavayaṁti bhinna-kahāhī.

08. sīhaṁ jahā va kuṇimeṇā / ṇibbhayaṁ egacaraṁ ti pāseṇā,
ēv' iṭṭhiyāo baṁdhaṁti / saṁvuḍaṁ egaīyaṁ aṇagāraṁ.

09. aha tattha puṇo ṇamayaṁtī / rahakāro va ṇemiṁ aṇupuvvaṁ;
baddhe mie va pāseṇā / phaṁdaṁtē ṇa muccae tāhe.

10. aha se 'ṇutappaī pacchā / bhoccā pāyasaṁ va visa-missaṁ.

evaṁ vivegaṁ ādāya / saṁvāso ṇa kappae davie.

11. tamhā u vajjae iṭṭhī / visa-littaṁ va kaṁṭagaṁ ṇaccā.
oe kulāṇa vasa-vattī – / āghāe ṇa se vi ṇiggaṁthe.

12. je eyaṁ uṁchaṁ aṇu giddhā, / annayarā hu tē kusīlāṇaṁ;
sutavassie vi se bhikkhū / ṇo viharejja sahaṇaṁ iṭṭhīsu.

13. avi dhūyarāhi suṇhāhī / dhāīhī aduva dāsīhī
mahaīhī vi kumārīhī / saṁthavā se ṇa kujja aṇagāre.

Das vorstehende Textstück ist versifiziert und metrisch in einer frühen Form der Āryā gehalten.

01. *je* (Skt. *yaḥ*) ist ein Relativpronomen im Nom. Sing. masc.: „derjenige, welcher".
māyaraṁ und *piyaraṁ* sind Akk. im Sing. Die Deklination von *māyā* und *piyā* wurde in **84** dargestellt.
vippajahāi ist Skt. *viprajahāti* „er, sie verlässt"; zu ergänzen ist „als Mönch", denn es geht nicht um ein bloßes Verlassen.
puvva (Skt. *pūrva*) „früher".
saṁjoga (Skt. *saṁyoga*) ist die „Verbindung" (nämlich mit Verwandten und Freunden). Es folgt eine direkte Rede in Form eines Selbstgesprächs; zu ergänzen ist also „sagt sich" oder „entschließt sich": „ich will leben" (das Fut. *carissāmi* drückt hier die Absichtserklärung aus), *ege* (Skt. *eka*) „allein" und *a-sahie* (Skt. *a-sahitaḥ*), „ohne Gefährten".
āraya ist regelrecht aus Skt. *ārata* gebildet, einem PPP von *ram*, und bedeutet hier „gewichen, verschwunden", nämlich *mehuṇa* (Skt. *maithuna*) „das Geschlechtsleben.
vivitta (Skt. *vivikta*) „einsam, isoliert"; *esin* (Skt. *eṣin*) „suchend". Der Mönch soll sich also in die Einsamkeit begeben, keine Gesellschaft haben und schon gar nicht die von Frauen, denn er hat jede sexuelle Betätigung zu meiden.

02. Und schon beginnt die Verführung. *suhuma* (Skt. *sūkṣma*) in Verbindung mit dem Instr. *paeṇa* bedeutet „mit leisem Schritt", *taṁ* „zu ihm" (dem Mönch).
parakkamma (aus der Skt.-Wurzel *kram* + *parā*) ist ein Abs. (hierzu vgl. **103**), das hier als Prädikat aufzulösen ist.
channa ist ein Tatsama.
maṁdā „mit heimlichem Schritt"; *maṁda* geht zurück auf vedisch *mandrá* „lieblich". Es nahen sich also dem Mönch liebliche Frauen.
tāo ist Pron. pers. f. Nom. Pl. Die betreffende Tabelle findet sich in **87**.
jāṇiṁsu ist Aorist, hat aber hier die Funktion des Präs.. Zur Verdeutlichung ist „seit langem" zu ergänzen.

jaha entspricht Skt. *yathā* „wie".

lissanti könnte auf Skt. *liś* (IV) Ātmanepada in der Bedeutung „(moralisch) zusammenbrechen" zurückgeführt werden.

Die lieblichen Frauen kennen *uvāya* (Skt. *upāya*) die „Mittel" zur Untergrabung der Moral eines Mönchs.

03. *bhisaṁ* (Skt. *bhr̥śam*) ist eigentlich nur „sehr". In der hier geschilderten Situation kann es aber nur „eng", nämlich „auf Tuchfühlung" bedeuten.

pāse ist ein schwieriges Homonym, doch kann die *chāyā* nur *pārśve* „an der Seite, in der Nähe" lauten.

ṇisīyaṁti ist leicht als Skt. *niṣīdanti* zu erklären: „sie (die Frauen) lassen sich nieder".

abhikkhaṇaṁ (Skt. *abhīkṣṇam*) ist Adv. und bedeutet „mehrmals, wiederholt".

posavatthā (Skt. *poṣavastrāṇi*) bedeutet eigentlich: „Wohlstand ausdrückende Kleider", hier einfach: „Festkleider", die diese Frauen anziehen (der Form *parihiṁti* liegt Skt. *pari-dhā* zugrunde).

ahe ist aus Skt. *adhas* abgeleitet; in Verbindung mit *kāya* („Körper") ist die Bedeutung „Unterleib".

vi daṁsaṁti geht zurück auf Skt. *dr̥ś* im Kaus., also: „sie lassen sehen". Die folgende Stelle ist, wie das Metrum zeigt, verderbt und lässt keine zweifelsfreie Übersetzung zu. Auf die Wiedergabe dieser unsicheren Stelle wurde daher hier verzichtet.

04. *egayā* ist phonologisch regelgemäß dem sanskritischen *ekadā* „bisweilen" zuzuordnen.

sayaṇa (Skt. *śayana*) ist eine „Couch" oder „Liege", *āsaṇa* (Skt. *āsana*) der „Sitz".

joga ist hier wohl nicht, wie sonst üblich, „passend", sondern im Hinblick auf Liege und Sitze „bequem".

ṇimanteṁti (im Skt. ein Denom. aus *ni-mantray*): „sie laden ein". Die Liege- und Sitzgelegenheiten, zu denen die Frauen den Mönch einladen, sind hier im Instr. konstruiert.

eyāṇi ist Pron. dem.: „diese" (die Sitze oder Liegen) darf er aber keinesfalls nutzen.

jāṇe ist Opt.: „er kenne" (sie) als *pāsāṇi* (Skt. *pāśāḥ*) „Fesseln", die *virūva* (Skt. *virūpa*) sind, also entweder „hässlich" oder „mannigfaltig".

05. *saṁdhejjā* ist Opt.; *tāsu* (Lok. der Richtung) „auf diese (zu ergänzen ist: Frauen) möge er nicht *cakkhu* (Skt. *cakṣus*, dessen Endkonsonant ausfallen musste, da bekanntlich AMg.-Wörter nur auf Vokal oder Anusvāra enden können) „den Blick werfen".

sāhasa, ein Tatsama-Wort, ist eigentlich „Verwegenheit", hier aber am besten mit „Zudringlichkeit" zu übersetzen.

samabhijāṇe ist Opt. (zugrunde liegt die Skt.-Wurzel *jñā* + *sam* + *abhi*). Der Mönch möge also (auf die Annäherungsversuche der Frauen) „nicht eingehen".

saddhiya (im Pāli *saddhiṁ*) geht zurück auf vedisches *sadhryak* und bedeutet „zusammen, gemeinsam".

pi „auch" ist eine nicht seltene Verkürzung von Skt. *api*.

viharejjā ist Opt. (die betreffende Skt.-Wurzel ist *hr̥* + *vi*). Der Mönch soll also nicht mit ihnen (den Frauen) „zusammen wandeln".

evaṁ (Skt. *evam*) „so" *hoi* (aus Skt. *bhavati*) „ist" *appā* „er selbst" oder „seine Seele" (aus Skt. *ātmā*; zur Deklination s. **85**) *surakkhio* (ein PPP, regelrecht umgesetzt aus Skt. *surakṣitaḥ*) „wohl behütet".

6. Es folgen zwei Abs., die hier besser mit „indem" als „nachdem" übersetzt werden sollten: *āmaṁtiya* „einladend" und *ussaviya* (Skt. *viśvāsya*) (den Mönch) „vertrauensselig machend".

āyasā bleibt unklar. Eine mögliche Deutung wäre Skt. *ātmasaḥ*: „von sich aus" laden sie ihn ein, vielleicht sogar: „bieten sie sich ihm an". Diese (zu ergänzen wäre: „Angebote") erkenne er als *virūva* (Skt. *virūpa*) „abscheuliche" *sadda* (phonologisch umgebildet aus Skt. *śabda*) „Worte".

07. *maṇabaṁdhaṇa* ist eine „Fessel für den Geist"; hier zusammen mit *ṇega* (Skt. *naika*) „nicht einer, viele" im Instr. Pl. konstruiert.

kaluṇa ist mit Skt. *karuṇa* leicht zu erklären, doch muss „erweckend" ergänzt werden.

viṇīya aus Skt. *vinīta* bedeutet „bescheiden, höflich".

Das Abs. *uvagasittā* (Skt. *upakasitvā*) muss umschrieben werden, etwa „sie haben sich genähert".

adu (ohne klar erkennbare *chāyā*) ist ein Adv. („dann, ferner").

Bei *maṁjula* „lieblich" muss „Worte" ergänzt werden. Gemeint ist, dass die Frauen liebliche Worte sprechen.

bhāsaṁti (zur Skt.-Wurzel *bhāṣ*) „sie sprechen".

āṇavayaṁti (Skt. *ānamayanti*) „sie machen geneigt" (nämlich den Mönch für sich). Wodurch? Das muss natürlich im Instr. stehen:

kahā (Skt. *kathā*) ist die „Erzählung", hier aber die „Rede".

bhinna ist ein PPP und zugleich Tatsama, wörtlich „gespalten, offen", hier (gemeint sind die Reden) „locker, schlüpfrig".

08. *jahā* ist lautgesetzlich umgeformt aus Skt. *yathā* „wie".

sīha (Skt. *siṁha*) ist der „Löwe", *kuṇima* (Skt. *kuṇapa*) das „Aas". Wie man mit Aas einen *ṇibbhaya* (Skt. *nirbhaya*) „furchtlosen", *egacaraṁ* „einzeln gehenden" Löwen *pāseṇa* (Skt. *pāśa*) „mit einer Schlinge" (zu ergänzen ist hier:) „fängt", *ev* (verkürzt aus *eva*) „eben so" fesseln die Frauen (auch) einen *saṁvuḍa* (PPP aus Skt. *saṁvr̥ta*) „verhüllten", (hier aber besser:) „zurückhaltenden", (wie der Löwe) *egaīyaṁ* „einzeln gehenden" *aṇagāra* (Skt. *an-agāra*) „Unbehausten", also den Wandermönch.

09. *aha* ist Skt. *atha* „dann", *tattha* Skt. *tatra* „dort".
Dass Skt. *punaḥ* „wieder" zu *puṇo* werden muss, geht aus **36** hervor.
ṇamayaṁti „sie beugen" (den Mönch) wie *rahakāro* (Skt. *rathakāraḥ*) „der Streitwagenbauer" *ṇemi* (Skt. *nemi*) den „Radkranz", die „Felge" (zu ergänzen ist: „rundet"), und zwar *aṇupuvvaṁ* (Skt. *anupūrvam*, ein Adverb) „Schritt für Schritt".
mie ist Skt. *mr̥gaḥ*. *r̥* wird hier zu *i*. Der Nom. ist regelrecht, das auslautende *-e* ein Magadhismus.
baddha ist ein PPP und zugleich ein Tatsama.
va ist eine häufige Kürzung von Skt. *iva* „wie": wie eine in der Schlinge gefangene Gazelle *phaṁdaṁte* (Part. Präs.) „zappelnd" *muccae* (Pass., Skt. *mucyate*) „sich nicht befreien kann".
tāhe (Skt. *tadā*) „damals, dann"; das Wort ist eigentlich überflüssig und wohl nur *metri causa* eingesetzt. Der Sinn ist: Sowohl der Mönch als auch die Gazelle versuchen sich aus der Schlinge zu befreien, was ihnen aber nicht gelingt.

10. *aṇutappai* geht zurück auf die Skt.-Wurzel *tap* + *anu* „bereuen".
pacchā (Skt. *paścāt*) ist eine Präp. „hinter", hier besser: „hinterher".
bhoccā ist ein Abs. (Skt. *bhuktvā*) „verzehrt habend, verspeist habend".
pāyasa, die „Milchspeise", ist ein Tatsama.
visamissa ist Skt. *viṣamiśra* „mit Gift gemischt", also ein Tatpuruṣa.
Hinterher, also nach erfolgter Verführung, bereut der Mönch das Geschehnis; ihm ist zumute, als habe er eine mit Gift gemischte Milchspeise genossen.
vivega (Skt. *viveka*) ist hier nicht „Kritik" oder „Untersuchung" sondern im jinistischen Sinn „frommer Wandel".
So ist, wenn man den frommen Wandel begonnen hat, *saṁvāsa* (Tatsama), „das Zusammensein" (mit Frauen) *na kappae* (Skt. *kalpate*) „nicht geeignet" – *davie* (besser wäre wohl: *daviye*) „zur Erlösung"; die Übersetzung ist jedoch unsicher, würde aber gut in den Kontext passen (*davie* könnte auch Lokativ sein). Ob man aber *dravika* als *chāyā* ansetzen darf, bleibt ungewiss.

11. *tamhā* ist eine seltene Ablativform, geht aber jedenfalls auf Skt. *tasmāt* „daher, deshalb" zurück.
u ist verkürzt aus Skt. *tu* „aber, jedoch".
vajjae (Skt. *varjya*) ist als Ger. aufzufassen: „zu meiden".
litta ist ein PPP und *visalitta* (Skt. *viṣalipta*) „mit Gift bestrichen" ein Tatpuruṣa.
kaṁṭaga (Skt. *kaṇṭaka*) ist der „Dorn".

ṇaccā (Skt. *jñātvā*) ist ein Abs. Der Mönch meidet also die Frauen, nachdem er sie als einen mit Gift bestrichenen Dorn erkannt hat (ein extrem frauenfeindlicher, für den kanonischen Jinismus aber typischer Vergleich).

oe gehört zu *oo* (Skt. *ojas*) „Stärke". Zum Verständnis ist jedoch zu ergänzen: (auch wenn ein Mönch) „stark" (ist, aber) *kulāṇa vasa-vattī* (Skt. *kulāvaśavartin*) „unter familiärer Herrschaft stehend".

ṇiggaṁtha (Skt. *nirgrantha*) „Fesselloser", ein häufiges Epitheton für einen Jaina-Mönch.

āghāe kann nur Skt. *ākhyāta*, ein PPP, sein: „genannt" oder „bezeichnet". Jemand, der noch familiäre Bindungen hat, kann also nicht als „Fesselloser" bezeichnet werden.

12. *je* kam schon in Vers 1 vor „diejenigen, welche".

aṇu ist hier eine Präp.

giddha (die zugehörige Skt.-Wurzel ist *gṛ̥dh*) „gierig". Es geht also um diejenigen, die gierig sind.

Worauf? *uṁcha* (Skt. *uñcha*), die „Ährenlese"; im übertragenen Sinn das Sammeln kleiner Almosen, was hier wohl ironisch gemeint ist.

Diese (Mönche) haben *annayara* (Skt. *anyatara*) *kusīla* (Skt. *kuśīla*) „einen von zwei (möglichen) schlechten Charakteren".

vi (Skt. *api*) „auch".

sutavassie (Skt. *sutapasvin*) „sehr bußfertiger" Bettelmönch. …

viharejjā ist Opt.

sahaṇa könnte „Zusammensein, Gemeinschaft" sein, doch ist die Lesart fraglich. Auch ein asketischer Mönch soll also nicht in Gemeinschaft *iṭṭhīsu* (Lok., man sollte aber einen Instr. erwarten) „mit Frauen" wandeln.

13. *avi* ist Skt. *api* („auch").

Es folgen nun mehrere Instr. Pl., die durch „mit" wiedergegeben werden. *dhūyarā* (Skt. *duhitṛ̥*) ist die „Tochter", *suṇhā* (Skt. *snuṣā*) die „Schwiegertochter", *dhāī* (Skt. *dhātrī*) die „Amme" oder das „Kindermädchen" und *dāsī* (ein Tatsama) die „Dienerin".

aduva (Skt. *athavā*) ist eine Konjunktion: „oder, sonst".

Mit all diesen Frauen, ob sie *mahāī* „erwachsen" oder (noch) *kumārī* „jugendlich" sind, werde der Mönch nicht vertraut.

saṁthava (Skt. *saṁstava*) ist hier am besten mit „Vertrautheit" wiederzugeben. Der Unbehauste werde also mit keiner im Haus befindlichen Frau, sei sie ein Familienmitglied oder eine Hausangestellte, vertraut; vielmehr hat er sie alle zu meiden.

kujja (Skt. *kuryāt*) ist Opt. von *kara*.

Als Lesestück folgt nun ein Auszug aus den Uvāsagadasāo. Dies ist der Titel des siebenten Aṅga des Jaina-Kanons und bedeutet „Zehn (Kapitel) über die Laienanhänger". Sie äußern sich über die den Laienanhängern erwachsenden Pflichten, und zwar anhand von Legenden über besonders fromme Laien, besonders Kaufleute, sowie über Personen, die sich um die Ausbreitung des Jinismus verdient gemacht haben. Allerdings geschieht das in meist recht eintöniger Weise.

Von großer sozialgeschichtlicher Bedeutung sind dagegen die Informationen über das damalige Alltagsleben. So werden im ersten Kapitel die Observanzen geschildert, die der reiche Hausvater Āṇaṁda und seine Gattin Sivaṇaṁdā auf sich nahmen. Ersterer erlangte über den Weg des Sterbefastens die Erlösung, wie sie sonst nur Mönchen vorbehalten blieb. Gleiches tat Surādeva im vierten Kapitel, obwohl das Gelübde seine Gesundheit bedrohte. Bereits im zweiten Kapitel hielt Kāmadeva trotz Lebensgefahr sein jinistisches Gelübde aufrecht. Im sechsten Kapitel wird gezeigt, wie der Laienanhänger Kuṁḍakoliya der Versuchung widersteht, einer nicht-jinistischen Lehre (hier des Fatalisten Gosāla Makkhaliputta) anheimzufallen.

Höher als das durchschnittliche literarische Niveau steht die siebente Geschichte; darum wird aus dieser hier ein umfangreicher Auszug gebracht. Mahāvīra bekehrt in einem lebendigen, gut gelungenen Dialog gegen die Lehre des Gosāla den reichen Töpfer Saddālaputta. Im achten Kapitel schließlich bemüht sich die lüsterne Revaī, ihren Gatten Mahāsayaga zu verführen und ihn der Jaina-Lehre abspenstig zu machen, doch erfährt sie dadurch eine schwere Schicksalsstrafe. Die Geschichte ist für die misogyne Haltung des Jinismus typisch.

Der Werkstitel erweckt den Eindruck, als habe er sich sprachlich weit vom Skt. entfernt. Jedoch ist die phonologische Umwandlung vollkommen regelrecht. *v* entsteht vielfach aus *p*; vgl. dazu **22**. Dass *k* stimmhaft werden kann, geht aus **28** hervor. Das *s* könnte freilich dental geblieben oder aus retroflexem *ṣ* oder aus palatalem *ś* hervorgegangen sein; vgl. dazu **6** und **25**. Doch bietet sich *daśan* („zehn") zwanglos als *chāyā* an. Dass die Endung *-ḥ* zu *-o* wird, wurde in **36** erörtert. Die *chāyā* lautet also *Upāsakadaśāḥ*.

Text 4: Uvāsagadasāo VII (Auszug)

180. Polāsapure ṇāmaṁ ṇayare, Sahassaṁbavaṇe ujjāṇe. Jiya-sattū rāyā.

181. Tattha ṇaṁ Polāsapure ṇayare Saddālaputte ṇāmaṁ kuṁbhakāre Ājīviovāsae parivasai. Ājīviya-samayaṁsi laddh'aṭṭhe gahiyy'aṭṭhe pucchiy'aṭṭhe viṇicchiy'aṭṭhe

abhigay'aṭṭhe aṭṭhi-miṁja-pemāṇurāga-ratte ya „ayaṁ āuso, Ājīvia-samae aṭṭhe ayaṁ param'aṭṭhe, sese aṇaṭṭhe"tti Ājīvia-samaeṇaṁ appāṇaṁ bhāvemāṇe viharai.

182. Tassa ṇaṁ Saddālaputtassa Ājīviovāsagassa ekkā hiraṇṇa-koḍī ṇihāṇa-pauttā, ekkā vaḍḍhi-pauttā ekkā pavitthara-pauttā, ekke vae dasa-go-sāhassieṇaṁ vaeṇaṁ.

183. Tassa ṇaṁ Saddālaputtassa Ājīviovāsagassa Aggimittā ṇāmaṁ bhāriyā hotthā.

184. Tassa ṇaṁ Saddālaputtassa Ājīviovāsagassa Polāsapurassa ṇayarassa bahiyā paṁca kuṁbhakārāvaṇasayā hotthā. Tattha ṇaṁ bahave purisā diṇṇabhai-bhatta-veyaṇā kallākalliṁ bahave karae ya vārae ya pihaḍae ya ghaḍae ja addha-ghaḍae ya kalasae ya aliṁjarae ya jaṁbūlae ya uṭṭiyāo ya kareṁti, anne ya se bahave purisā diṇṇa-bhai-bhattaveyaṇā kallākalliṁ tehiṁ bahūhiṁ karaehiṁ ya jāva uṭṭiyāhi ya rāya-maggaṁsi vittiṁ kappemāṇā viharaṁti.

185. Tae ṇaṁ se Saddālaputte Ājīviovāsae annayā kayāi puvvāvar'aṇha-kāla samayaṁsi jeṇeva Asoga-vaṇiyā teṇeva uvāgacchai, -ttā Gosālassa Maṁkhali-puttassa aṁtiyaṁ dhamma-paṇṇatiṁ uvasaṁpajjittāṇaṁ viharai.

186. Tae ṇaṁ tassa Saddālaputtassa Ājīviovāsagassa ege deve antiyaṁ pāubbhavitthā.

187. Tat ṇaṁ se deve aṁtalikkha-paḍivaṇṇe sakhiṁkhiṇiyāiṁ jāva parihie Saddālaputtaṁ Ājīviovāsayaṁ evaṁ vayāsī. „Ehii ṇaṁ, devāṇuppiyā, kallaṁ ihaṁ mahā-māhaṇe uppanna-ṇāṇa-daṁsaṇa-dhare 'tīya-paccuppanna-m-aṇāgaya-jāṇae Arahā Jīṇe Kevalī savvaṇṇū savva-darisī te-lokka-vahiya-mahiya-pūie, sa-deva-maṇuyāsurassa logassa accaṇijje vaṁdaṇijje sakkāraṇijje sammāṇaṇijje kallāṇaṁ maṁgalaṁ devayaṁ ceiyaṁ jāva pajjuvāsaṇijje, tacca-kamma-saṁpaya-saṁpautte taṁ ṇaṁ tumaṁ vaṁdejjāhi jāva pajjuvāsejjāhi, paḍihārieṇaṁ pīḍha-phalaga-sijjā-saṁthāraeṇaṁ uvanimaṁtejjāhi." Doccaṁ pi taccaṁ pi evaṁ vayai, -ttā jām eva disaṁ pāubbhūe taṁ eva disaṁ paḍigae. ...

190. Tae ṇaṁ se Saddālaputte Ājīviovāsae imīse kahāe laddhaṭṭhe samāṇe „evaṁ khalu samaṇe bhagavaṁ Mahāvīre jāva viharai, taṁ gacchāmi ṇaṁ samaṇaṁ bhagavaṁ Mahāvīraṁ vaṁdāmi jāva pajjuvāsāmi," evaṁ saṁpehei; -ttā ṇhāe jāva pāyacchitte suddhappāvesāiṁ jāva appa-mahagghābharaṇālaṁkiya-sarīre maṇussa-vaggurā-parigae sāo gihāo paḍi-ṇikkhamai, -ttā Polāsapuraṁ ṇayaraṁ majjhaṁ majjheṇaṁ ṇigacchai, -ttā jeṇeva Sahassaṁbavaṇe ujjāṇe jeṇeva samaṇe bhagavaṁ Mahāvīre teṇeva uvāgacchai, -ttā tikkhutto āyāhiṇaṁ payāhiṇaṁ karei -ttā vaṁdai ṇamaṁsai -ttā jāva pajjuvāsai. ...

195. Tae ṇaṁ se Saddālaputte Ājīviovāsae annayā kayāi vāyāhayayaṁ kolāla-bhaṁḍaṁ aṁto sālāhiṁto bahiyā ṇiṇei, -ttā āyavaṁsi dalayai.

196. Tae ṇaṁ samaṇe bhagavaṁ Mahāvīre Saddālaputtaṁ Ājīviovāsayaṁ evaṁ vayāsī. „Saddālaputtā, esa ṇaṁ kolāla-bhaṁḍe kao?"

197. Tae ṇaṁ se Saddālaputte Ājīviovāsae samaṇaṁ bhagavaṁ Mahāvīraṁ evaṁ vayāsī. „Esa ṇaṁ bhante puvviṁ maṭṭiyā āsī, tao pacchā udaeṇaṁ ṇimijjai; -ttā chāreṇa ya karīseṇa ya egayao mīsijjai; -ttā cakke ārohijjai; tao bahave karagā ya jāva uṭṭiyāo ya kajjaṁti."

198. Tae ṇaṁ samaṇe bhagavaṁ Mahāvīre Saddālaputtaṁ Ājīviovāsayaṁ evaṁ vayāsī. „Saddālaputtā, esa ṇaṁ kolāla-bhaṁḍe kiṁ uṭṭhāṇeṇaṁ jāva purisakkāra-parakkameṇaṁ kajjaṁti, udāhu aṇuṭṭhāṇeṇaṁ jāva apurisakkāra-parakkameṇaṁ kajjaṁti?"

Die Jaina-Literatur ist oft stereotyp und gefällt sich in Wiederholungen. Um dem entgegenzuwirken, werden bestimmte Passagen oft gekürzt. Bei anscheinend unverständlichen Texten ist daher immer zu erwägen, ob der Text einer Ergänzung bedarf. Manchmal genügt die Hinzufügung eines Hilfszeitwortes. Gleich zu Beginn des vorstehenden Lesestücks werden kurze Einschübe erforderlich. Der Text gewinnt dadurch paradigmatische Bedeutung.

180. So ist hier zu ergänzen: „es gibt", nämlich *ṇayare* (Skt. *nagara*) „eine Stadt" namens Polāsapura.
Zu ergänzen ist weiter: „in deren Nähe liegt" *ujjāṇa* (Skt. *udyāna*) „ein Garten" namens Sahassaṁbavaṇa (Skt. *sahasrāmravana*) „Wald der tausend Mangobäume".
Jiyasattu (zu ergänzen: „war damals dort") König. *jiyasattu* (Skt. *jitaśatru*) „dessen Feinde besiegt wurden" ist ein Bahuvrīhi-Kompositum; vgl. **114**.

181. Dort, in der Stadt Polāsapura, *parivasai* (ist erzählendes Präs.) „wohnte" *kuṁbhakāra* (ein Tatsama) „ein Töpfer" namens Saddālaputta.
Danach ist zu ergänzen: „dieser war" *ājīviovāsae* (Skt. *ājivikopāsakaḥ*), ein Anhänger der Lehre des Gosāla Makkhaliputta, der die These von einer totalen schicksalsbedingten Vorherbestimmung, also einen radikalen Fatalismus vertrat. Vgl. dazu die Monographie von Sukumari Bhattacharji: *Fatalism in Ancient India* (Calcutta 1995). Gosāla Makkhaliputta war Zeitgenosse und Rivale von Mahāvīra, dem Reformator des Jinismus. Er gründete die Ājīvika-Sekte, die in der Inschrift der berühmten, von Aśoka initiierten Säule von Delhi erwähnt wird. Sie muss also noch zur Zeit des Aśoka von Bedeutung gewesen sein. Die Lehre des Gosāla wird als

niyativāda bezeichnet; sie negiert, da alles vom Schicksal vorherbestimmt ist, freien Willen und moralische Verantwortlichkeit. Im buddhistischen Sāmaññaphalasutta wird Gosāla Makkhaliputta von König Ajātasattu folgendermaßen zitiert: „Alle Wesen, alle Lebewesen, alle Geschöpfe, alle Leben sind willenlos, kraftlos, ohne Stärke. Schicksalsgemäß ... empfinden sie ... Glück oder Leid." Es versteht sich, dass diese fatalistische Lehre dem jinistischen Dogma vom *kamma* und *dhamma* genau entgegengesetzt war.

samayaṁsi ist Lok. Sing. *samaya* ist hier nicht die „Zeit", sondern die „Lehre".

Das nun mehrfach folgende *aṭṭha* (Skt. *artha*) ist vieldeutig; hier ist es am besten mit „Sinn" oder „Zweck" zu übersetzen.

laddhaṭṭhae entspricht Skt. *labdhārthaḥ* und *abhigayaṭṭhae* Skt. *abhigatārthaḥ*.

Nachdem also der Töpfer den Sinn der Ājīvika-Lehre erfasst, begriffen und hinterfragt hatte, (zu ergänzen ist: „wurde er") *aṭṭhimiṁjapemāṇurāgaratte* (Skt. *asthimajjāpremānurāgaraktaḥ*) „bis ins Knochenmark von Liebe und Hinneigung (zu dieser Lehre) erfasst" (zu ergänzen ist danach: „und gewann die Überzeugung"): „Dies ist das höchste Ziel."

Das eingeschobene *āuso* ist an dieser Stelle nicht leicht zu erklären. Abgeleitet ist das Wort mit Sicherheit von Skt. *āyuṣmat*, das eigentlich „langlebig" bedeutet, hier aber ein Vok. ist und deshalb mit „o Ehrwürdiger" übersetzt werden muss.

sesa ist Skt. *śeṣa* (eigentlich: „Rest"); hier aber ist gemeint: „jede andere Lehre" ist nutzlos. Für den Töpfer ist also die Lehre der Ājīvikas das Höchste; jede andere Lehre ist nutzlos bzw. irrig. Und er richtete sein eigenes *appāṇaṁ* (Skt. *ātmānam*) „Leben" gemäß der Ājīvika-Lehre ein.

182. Saddālaputta wird nun stets stereotyp als Anhänger der Ājīvikas bezeichnet.

tassa ist leicht zu erkennen als Skt. *tasya*, also als Gen.. Hier ist zu ergänzen „er besaß" oder „ihm gehörten".

hiraṇṇa (Skt. *hiraṇya*) macht nur dann einen Sinn, wenn man „Münzen" ergänzt.

koḍī (Skt. *koṭi*) bedeutet „zehn Millionen". Da es sich um Bargeld handelte, bildeten die Münzen einen *ṇihāṇa* (Skt. *nidhāna*), einen „Schatz". Jedenfalls wurden die Münzen als Schatz angewandt bzw. betrachtet: *pauttā* (Skt. *prayukta*). Die zehn Millionen sind sicherlich übertrieben, doch kann es keinem Zweifel unterliegen, dass manche Handwerker im alten Indien sehr reich waren.

ekke „eins" (Skt. *eka*) wird manchmal auch *ege* geschrieben.

Saddāliputta ließ aber sein Geld nicht nur thesaurieren; er verlieh es auch für *vaḍḍhi* (Skt. *vṛddhi*) „Zinsen".

Darüber hinaus investierte er auch in *pavitthara* (Skt. *pravistara*), einen ausgedehnten (Land-)Besitz; (dort hatte er) *vae* (Skt. *vraja*) „eine Herde von" *dasa sahassie* (Skt. *daśa sahasrāṇi*) „zehntausend" *go* „Rindern".

183. Der nächste Satz ist syntaktisch sehr wichtig, da er zeigt, wie die AMg. mit dem Begriff „haben" verfährt. Es geht um die Worte *tassa ... hotthā. tassa* ist wieder Skt. *tasya*, also Gen., *hotthā* ein Prät. von *ho*; vgl. dazu **98**. Zu dieser Form gibt es keine direkte *chāyā*. „Er, sie, es war" wird im Skt. mit dem Wurzelaorist (*abhūt*) oder dem Impf. (*abhavat*) ausgedrückt. Ein Augment gibt es in der AMg. nicht mehr. In Verbindung mit dem Gen. *tassa* bedeutet es „er (der Töpfer) hatte ..." Vgl. zu dieser wichtigen Konstruktion **73** und **94**.

Der Töpfer hatte eine *bhāriyā* (Skt. *bhāryā*, durch Svarabhakti aufgelöst), „eine Gattin" namens Aggimittā (Skt. Agnimitrā).

184. Der nächste Abschnitt ist weder religions- noch sprachgeschichtlich von besonderem Interesse und kann daher übergangen werden. Er schildert – modern gesprochen – Saddāliputtas Produktenpalette und seine Organisation des Marketings.

185. *ṇaṁ* ist hier – wie so oft – lediglich ein Füllwort.

se (Skt. *saḥ*) ist eigentlich überflüssig, bedeutet es doch nur „der" Saddālaputta.

kayāi (Skt. *kadāpi*) „irgendwann", in Verbindung mit dem Lok. *samayaṁsi* „zu irgendeiner Zeit".

puvvāvaraṇha (Skt. *pūrvāparahṇa*) ist der „frühe Nachmittag", fast noch der „Mittag".

uvāgacchai (Skt. *upāgacchati*) „er begibt sich". Das folgende *-ttā* macht ein Abs. daraus: „nachdem er sich begeben hatte".

jeṇeva und *teṇeva* sind übereingestimmt.

Er begab sich (dorthin, wo) ein *vaṇiyā* (Skt. *vanikā*) „ein Wäldchen" mit Aśoka(-Bäumen stand).

(Dort) *viharai* (Skt. *viharati*) (erzählendes Präs.) „lebte er", *uvasaṁpajjittāṇaṁ* (ein Abs., aus Skt. *upa* + *sam* + *pad*), „nachdem er sich angeeignet hatte" *dhammapaṇṇatti* (Skt. *dharmaprajñapti*) „die Belehrung über den rechten Wandel", und zwar *aṁtiyaṁ* (Skt. *antikam*) „in Gegenwart von" Gosāla Makkhaliputta. Der Töpfer war also sozusagen von höchster Instanz, nämlich dem Gründer der Ājīvika-Sekte persönlich, in dessen Lehre eingeführt worden.

186. Hier muss zunächst das Prädikat bestimmt werden: *pāubbhavitthā* (aus Skt. *prādur* + *bhū*) „es erschien". Man sollte hier eigentlich einen Dat. erwarten, doch Saddālaputta steht im Gen., der in der AMg. die Stelle des Dat. übernimmt; vgl. dazu **73**.

187. Da erschien ihm *deve* (Skt. *devaḥ*) „ein Gott". *se deve* „dieser Gott" befand sich im *aṁtalikkha* (besser wäre *aṁtarikkha* [Skt. *antarikṣa*]), „im Luftraum".

jāva ist Skt. *yāvat* und ist Kennwort für eine Wiederholung, hier aus Abschnitt 113, wo geschildert wird, dass die Gottheit ein fünffarbiges Gewand trug, das mit *khiṁkhiṇiyāiṁ* (Skt. *kiṅkiṇī*), „mit Glöckchen" gesäumt war. *jāva* ist vergleichbar dem Kürzel *pe* aus dem Pāli, das für *peyyāla* steht.

Dieser Gott *vayāsī* (Prät.) „sprach" zu Saddālaputta Folgendes.

ehii ist eine Sonderform des Fut.: „es wird kommen"; vgl. dazu **99**.

devaṇuppiyā (Skt. *devānupriya*) ist Vok.: „o du bei den Göttern Beliebter!"

Nun erhebt sich die Frage nach dem Wann? Dazu heißt es *kallaṁ* (Skt. *kalyam*), das eine große semantische Breite hat; hier kann nur „beim Morgengrauen" (des folgenden Tages), also „morgen früh" gemeint sein.

Wer aber ist es, der kommen wird? *mahā-māhaṇe* „ein großer Māhaṇa". Es ist fraglich, ob Māhaṇa hier mit Brāhmaṇa („Brahmane") übersetzt werden darf, da die AMg. für „Brahmane" sonst das Äquivalent *baṁhaṇa* kennt. Jedenfalls handelt es sich um einen großen Weisen.

Von ihm wird gesagt: *uppaṇṇe-ṇāṇa-daṁsaṇa-dhare* (Skt. *utpanna jñāna-darśana dhārayati* [von der Wurzel *dhṛ*]). *uppaṇṇa* ist PPP von *uppajai* „vorhanden sein". Der angekündigte große Weise verfügt also über Wissen und Einsicht in *atīya* (Skt. *atīta*) „Vergangenes", *paccuppanna* (aus Skt. *prati* + *ud* + *pad*) „Gegenwärtiges" und *aṇāgaya* (Skt. *anāgata*) „Nicht-Gekommenes", also „Zukünftiges". Es wird also ein Besitzer höchster Mönchswürde sein, ein *arahaṁta* (Skt. *arhat*), „ein Erlöster" (vgl. dazu **85**), „ein Jina" (Skt. *jina*), ein *Kevali* (Skt. *kevalin*), „ein alles Kennender", der *savvaṇṇu* (Skt. *sarvajña*) „allwissend" ist, der *savvadarisī* (Skt. *sarvadarśin*) „alles sieht".

Ob *vahiya* eine Skt.-*chāyā* hat, ist ungewiss; es könnte sich dabei um ein Deśī-Wort handeln. Der Kevali wird (von den Bewohnern) der *te lokka* (*loa* oder *loga* wäre besser) nach der Meinung eines Kommentators „hingerissen angeblickt".

Jedenfalls wird er *mahiya* (Skt. *mahita*) „verehrt" und *pūiya* (Skt. *pūjita*) „angebetet". Diese schwülstige Eulogie muss nicht weiter verfolgt werden.

Der Gott betont noch: *taṁ* „diesen" *tumaṁ* (Skt. *tvam*) „du" *vaṁdejjāhi* (Skt. *vand* „ehrfurchtsvoll begrüßen") „sollst ehrfürchtig begrüßen"; *vaṁdejjāhi* ist ein durch eine Imper.-Endung verstärkter Opt. Diesen sollst du also ehrfürchtig begrüßen, doch nicht nur das, sondern *pajjuvāsejjāhi* (Skt. *pari* + *upa* + *ās*) „du sollst ihn (auch) bedienen".

Mit *pāḍihārieṇaṁ*, das im Instr. Sing. steht, folgt ein schwieriges Wort. Die Lautumwandlungsgesetze lassen als Skt.-*chāyā* nur *prātihārika* gelten. Doch die Bedeutungen im Skt., nämlich eine Besonderheit im vedischen Opferritual oder „Türsteher, Pförtner" wollen hier in die Uvāsagadasāo überhaupt nicht passen. Es kommt jedoch gar nicht selten vor, dass die Jainas einem Wort eine neue, in den Jinismus passende Bedeutung unterlegen. Das ist auch hier der Fall. Aus dem Kontext ergibt sich, dass *pāḍihāriya* eine für einen Mönch bestimmte und erforderliche

Grundausstattung seiner Behausung darstellt. Hier handelt es sich um *pīḍha* (Skt. *pīṭha*), „eine Sitzgelegenheit", und um *sijjā* (Skt. *śayyā*) „Bett".

phalaga kann nur Skt. *phalaka* sein, das „Brett, Bohle" oder „Planke" bedeutet und mitunter auch so übersetzt wurde. Allerdings macht das keinen Sinn. Was zur Grundausstattung noch fehlte, war aber ein Tisch, und tatsächlich hat *phalaka* im Skt. auch diese Bedeutung. Das alles soll der in der Prophezeiung angekündigte allwissende Weise vorfinden.

doccaṁ (Skt. *dvitīyam*) „ein zweites Mal" sprach der Gott zu Saddālaputta.

pi ist eine Kurzform von *api* „auch".

Und der Gott *vayai* „sprach" *taccaṁ* (Skt. *tr̥tīyam*) „ein drittes Mal"; die Endung *-ttā* nach *vayai* macht aus dem Verb wieder ein Abs.

disā ist Skt. *diś* „die Himmelsrichtung".

pāubbhūe (Skt. *prādurbhūtaḥ*) „es erschien" ist PPP von *pāubbhava.*

paḍigae geht zurück auf das PPP *paḍigaya* (Skt. *parigata*) „zurückgekehrt". Der Gott begibt also dorthin zurück, woher er gekommen war. Saddālaputta meint zunächst, der prophezeite Mahāṇa sei sein Lehrer Gosāla Makkhaliputta. In Wahrheit aber ist es Mahāvīra, der nun die Szene betritt.

190. Dann *saṁpehei* (Skt. *sam + pra + īkṣ*) „überlegte" Saddālaputta, „der Anhänger der Ājīvikas" (das ist er vor der Ankunft des Mahāvīra noch immer; was folgt, muss freier übersetzt werden), nachdem er den Sinn *imīse* (ein seltenes Dem. pron.) „dieser" Erzählung erfasst hatte: „So, fürwahr, der *samaṇa* (Skt. *śramaṇa*) Mönch, der ehrwürdige Mahāvīra befindet sich (hier). Zu ihm gehe ich. Ich begrüße den Mönch, den ehrwürdigen Mahāvīra und *pajjuvāsāmi* (s. weiter wie oben) werde ihn bedienen. Nachdem er so überlegt hatte (wieder zeigt *-ttā* das Abs- des vorhergehenden Verbs an), *ṇhae* (Skt. *snā*) badete er und führte ein *pāyacchitta* (Skt. *prāyaścitta*) durch." Dies war eigentlich eine Sühnezeremonie aus dem vedischen Opferritual, das damals immer noch gepflegt wurde, zu dem aber Buddhismus und Jinismus in Opposition standen.

Schwieriger zu deuten ist das Folgende. *suddhappāvesāiṁ* könnte im Skt. *śuddhātmāveṣāḥ* lauten, also Kleider für eine gereinigte oder geläuterte Person. Es gibt jedoch auch noch andere Deutungen. Aus dem Zusammenhang geht hervor, dass Saddālaputta sich „fein macht"; denn es heißt weiter: *appa-mahagghābharaṇālaṁkiya sarīre.* Die *chāyā* könnte also lauten: *alpamahārghābharaṇālaṁkr̥tya śarīre* „er schmückte sich (eigentlich: seinen Körper) mit wenig (aber) kostbarem Schmuck".

Das Folgende ist klar. Allerdings muss das Abs. wieder aufgelöst werden. *vaggurā* (Skt. *vāgurā*) ist der „Haufen", die „Menge". Von dieser *parigae* (Skt. *parigataḥ*) „war er umgeben", nachdem er *sāo* (aus Skt. *sva*) *gihāo* (Skt. *gr̥hāt*) „aus seinem Haus" (Abl.) *paḍiṇikkhamaī* (Skt. *prati + niṣ + kram*) „hinausgegangen war". Dann *ṇigacchai majjheṇaṁ* (dies ist ein Instr. und wohl am besten mit „direkt" zu übersetzen) „ging er direkt" *majjhaṁ* „zur Mitte" der Stadt Polāsapura (eigentlich steht hier alles im Akk. der Richtung).

uvāgacchai ist Skt. *upāgacchati*. Danach „begab er sich" dorthin, wo der (eingangs erwähnte) Garten Sahassaṁbavaṇa (war und wo) der ehrwürdige Mahāvīra (weilte). Nachdem er (dort) angekommen war, umrundete er (ihn) *tikkhutto* (Skt. *trikr̥tvaḥ*) „dreimal" *āyāhiṇaṁ payāhiṇaṁ* (Skt. *ādakṣiṇa pradakṣiṇam*) „von links nach rechts", so dass er die zu verehrende Person nach altindischer Sitte immer zur Rechten hatte. Er begrüßte, verehrte und bediente (den Mahāvīra).

195. Dann *ṇiṇei* (unregelmäßige Form von *ṇe* (III) [Skt. *nī*]) „brachte er" (*-ttā* muss wieder aufgelöst werden) *annayā kayāi* „zur einen oder anderen Zeit" (s. oben) *vāyāhayayaṁ* (Skt. *vātāhatakam*) (kann hier nur „luftgetrocknet" bedeuten), nämlich *kolālabhaṁḍaṁ* (Skt. *kaulālabhaṇḍa*) „Töpferware" *sālāhiṁto* (Abl. Pl.) „aus den Werkstätten") *bahiyā* (Skt. *bahis*) „nach draußen" und *dalayai* (Skt. *dadāti*) „stellt (eigentlich: „gibt") sie" *āyavaṁsi* (Skt. *ātape*) (Lok.) „in die Sonnenhitze".

196. „Da redete der Mönch, der erhabene Mahāvīra, den Anhänger der Ājīvikas, Saddālaputta, folgendermaßen an: „Saddālaputtā (Vok.), *kao* (Skt. *kutaḥ*) (eigentlich: „woher", hier aber wohl: „woraus") woraus (besteht) diese Töpferware?"

197. „Darauf sprach Saddālaputta, der Anhänger der Ājīvikas, zu dem Mönch, dem erhabenen Mahāvīra, also: „*puvviṁ* (Skt. *pūrvam*) „Früher (vorher) *āsī* (Skt. *āsīt*) war diese Ware *maṭṭiyā* (Skt. *mr̥ttikā*) Ton. *pacchā udaeṇaṁ ṇimijjai* (Skt. *paścād udakena nimīyate*). Danach wurde (der Ton) mit Wasser durchgeknetet. (Dann) wurde er *chāreṇa* (Skt. *kṣareṇa*) mit getrocknetem Kuhmist und Pottasche *mīsijjai* (Skt. *miśriyate*) gemischt und (dann) *cakke ārohijjai* (Skt. *cakre āropyate*) auf das Töpferrad gehoben. Daraus werden viele *karagā* (Skt. *karakāḥ*) Töpfe und *uṭṭiyāo* (Skt. *uṣṭrikāḥ*) Krüge *kajjaṁti* (Skt. *kriyante*) gemacht."

198. „Da sprach der Mönch, der erhabene Mahāvīra, zu Saddālaputta, dem Anhänger der Ājīvikas, also: Saddālaputtā (Vok.), werden diese Töpferwaren *uṭṭhāṇeṇaṁ* „durch ein Sichaufraffen (hier so zu übersetzen, eigentlich: „Aufstehen") und durch männliche Anstrengung gefertigt oder werden sie ohne ein Sichaufraffen und männliche Anstrengung gefertigt?"

purisakkāra (Skt. *puruṣātkāra*) ist die „männliche Anstrengung", *parakkama* (Skt. *parākrama*) die „Anspannung". Mahāvīra will den Töpfer dazu bringen, einzuräumen, dass die Herstellung der Töpferware mit Anstrengung verbunden ist. Denn die Ājīvikas (die Mahāvīra hier ad absurdum führen will) bestreiten, dass es einer

Anstrengung bedarf, da alle Dinge vom Schicksal vorherbestimmt seien. Natürlich gelingt es Mahāvīra im Verlauf, den Töpfer von der Irrlehre der Ājīvikas abzubringen.

Teil III: Glossare

1. Glossar Ardhamāgadhī - Deutsch

Das Glossar kann verständlicherweise ein Wörterbuch nicht ersetzen; es reicht aber aus, um die in den vorangegangenen Kapiteln enthaltenen Vokabeln aufzufinden.

Die AMg.-Stichwörter sind streng alphabetisch geordnet; das Alphabet findet sich zu Beginn des zweiten Kapitels. Allerdings ist zu berücksichtigen, dass die Textüberlieferung nicht einheitlich ist. So steht etwa *n* für *ṇ* und *iya* für *ia* und *vice versa*. Um Irritationen zu vermeiden, wird initial einheitlich *ṇ* (nicht *n*) geschrieben. Da *ai* und *au* in der AMg. keine Diphthonge sind, wird in der Transliteration vom Trema kein Gebrauch gemacht.

Stichwörter und ihre Ableitungen erscheinen in halbfetter Schrift. Homonyme werden als verschiedene Stichwörter behandelt und durch hochgestellte arabische Ziffern nach dem Stichwort gekennzeichnet. Beispiel: **sattha**^{1} *m.* (sārtha) Karawane und **sattha**^{2} *n.* (śāstra) Lehre, Lehrbuch. Nach jedem Stichwort wird kursiv die Wortart angegeben. Bei Nomina wird das Genus genannt. Verben sind eingeteilt in die traditionellen drei Klassen, die durch eingeklammerte römische Ziffern bezeichnet werden. Dazu wird, wenn möglich, die Form der 3. Pers. Sing. Präs. beigegeben. In bestimmten Fällen ist zudem das Part. Prät. Pass. (PPP) aufgeführt. Auch die mit einem Präfix versehenen Verben unterliegen – anders als dies im Skt. der Fall ist – einer strikten Alphabetisierung. Das *a-*(*aṇ*)privativum ist als zusätzliche Information für den Benutzer durch einen Bindestrich abgeteilt.

Bei allen Stichwörtern wird die Skt.-*chāyā*, wo es möglich war, in Klammern beigegeben. Wegen der zahlreichen Konsonantenelisionen ist die *chāyā* allerdings noch wesentlich schwieriger als im Pāli zu eruieren und nicht in allen Fällen mit letzter Sicherheit zu bestimmen.

Was das deutsche Äquivalent anlangt, ist beim Verb im Zweifelsfall Transitivität oder Intransitivität bezeichnet. Beispiel: kochen *tr.* u. *intr.* Das Äquivalent kann näher bestimmt werden durch kursiv voranstehende Angaben (Stützwörter). Einzelheiten sind dem Abkürzungsverzeichnis zu entnehmen.

a

aikkaṁta *Adj. PPP* (atikrānta) 1. vergangen; 2. überschritten
aiya *Adj.* (atiga) 1. überschreitend, überwindend; 2. aktiv, tätig
aīya *Adj.* (atīta) vergangen, verflossen
aṁga *n.* (aṅga) 1. Körperteil, *Anat.* Glied; 2. *Jin.* einer der Hauptteile des Kanons
aṁta *m.* (anta) 1. Ende, Schluss; 2. Tod
aṁtara *n.* (antara) 1. Inneres; 2. Zeitraum; 3. Hindernis
aṁtarikkha *n.* (antarikṣa) Luftraum
aṁtiyaṁ *Adv.* (antikam) nahe
aṁdha *Adj.* 1. *Anat.* u. *Psych.* blind; 2. *bildh.* töricht
akkhāya *Adj. PPP* (ākhyāta) erzählt, berichtet
agāravāsa *m.* (agāravāsa) Leben als Hausvater, weltliches Leben
aggi *m.* (agni) Feuer
a-cakkhua *Adj.* (acakṣuṣka) blind
accaṁtaṁ *Adv.* (atyantam) 1. ewig; 2. außerordentlich
accha¹ (I) (ās) sitzen, sich setzen
accha² *m.* (ṛkṣa) Bär
accha³ *m.* (akṣa) Auge
accha⁴ *Adj.* (accha) klar, rein, sauber
acchi *n.* (akṣi) Auge
a-jayaṁ *Adv.* (ayatam) 1. ungezügelt, nachlässig, nicht sorgfältig; 2. energielos
a-jutta *Adj.* (ayukta) ungeeignet, untauglich
ajja *Adv.* (adya) heute
ajjautta *m.* (āryaputra) Edler, Herr
aṭṭha *m.*, *n.* (artha) 1. Bedeutung, Sinn, Zweck; 2. Nutzen, Vermögen, Geld
aṭṭhi *m.* (asthi) 1. Knochen; 2. Frucht, Kern, Stein
aṇ-agāra *m.* (anagāra) Unbehauster, *Jin.* Wandermönch
aṇ-avajja *Adj.* (anavadya) tadellos
aṇ-asaṇa *n.* (anaśana) Nichtessen, Fasten
aṇ-āgaya *Adj. PPP* (anāgata) zukünftig
aṇ-iṭṭha *Adj.* (aniṣṭa) unerwünscht, unangenehm
aṇ-iṭṭhayara *Adj.* (aniṣṭatara) übler, schlechter, schädlicher
aṇu *Adj.* (aṇu) winzig, gering, dünn
aṇukaṁpā *f.* (anukampā) Mitleid
aṇuggaha *m.* (anugraha) Gunsterweisung, Freundlichkeit
aṇutappa (I) (anutap), **aṇutappai** bereuen
aṇupuvvaṁ *Adv.* (anupūrvam) der Reihe nach, Schritt für Schritt

aṇusāsiya *Adj. PPP* (anuśāsita) unterwiesen, belehrt
aṇegaṁtavāya *m.* (anekāntavāda) *Jin. Phil.* relativer Pluralismus
aṇṇa[1] *n.* (anna) Speise, Nahrung
aṇṇa[2] *Adj.* (anya) ein anderer
aṇṇattha *Adv.* (anyatra) 1. woanders; 2. mit Ausnahme (von)
aṇṇe (III) (anu-i), **aṇṇei** nachgehen, folgen
atīya *n.* (atīta) Vergangenheit
attha (I) (as), **atthi** sein, existieren
atthi (asti) *3. Pers. Sing. Präs.* von **attha** er, sie, es ist
atthamaṇa *n.* (astamana) *Astron.* Untergang
atthamiya *Adj. PPP* (astamita) 1. verschwunden, verloren; 2. *Astron.* untergegangen
a-diṇṇa, a-dinna *Adj. PPP* (adatta) nicht gegeben
a-dinnādāṇa *n.* (adattādāna) Nehmen von Nichtgegebenem (= Diebstahl)
a-pajjatta *Adj. PPP* (aparyāpta) ungenügend, unzureichend, unvollkommen
appa[1] *Adj.* (alpa) wenig, gering, klein
appa[2] *m.* (ātman) 1. Selbst, Wesen; 2. Geist, Gedanke
a-ppamāya *m.* (apramāda) Sorgfalt
appahiya *n.* (ātmahita) Seelenheil
a-phala *Adj.* (aphala) 1. nutzlos; 2. unfruchtbar
abhikkhaṇaṁ *Adv.* (abhīkṣṇam) andauernd, wiederholt
amacca *m.* (amātya) Minister
a-maya *n.* (amṛta) Unsterblichkeit
amhe[1] *Pron. pers. 1. Pers Pl.* (vayam) wir
amhe[2] *Pron. pers. 1. Pers. Pl. Akk.* (asmān) uns
arahaṁta m. (arhat) Erlöster; *Buddh., Jin.* höchste Mönchswürde
ariha (I) (arh), **arihai** würdig sein, taugen
alaṁkāra *m.* (alaṅkāra) Schmücken, Schmuck
aliya *n.* (alīka) 1. Falschheit, Hinterlist; 2. Unwahrheit
avakkama (I) (apakram), **avakkamai**; PPP **avakkaṁta** 1. weggehen, sich entfernen; 2. vergehen, niedergehen
a-vattavva *Adj. Ger.* (avaktavya) unsagbar, unbeschreiblich
avararatta *m.* (apararātra) zweite Nachthälfte
a-vittamat *Adj.* (avittamat) besitzlos, arm
asa (I) (as), **atthi** sein, existieren
a-sacca *n.* (asatya) Unwahrheit
asaṇa *n.* (aśana) Nahrung, Essen
a-sāra *Adj.* (asāra) wertlos
a-sāhu *Adj.* (asādhu) böse, *Mönch* ungehorsam

ahaṁ *Pron. pers. 1. Pers. Sing. Nom.* (aham) ich
a-hamma *m.* (adharma) Irrglaube, Ketzerei, Sünde
ahavā *Adv.* (athavā) oder, anderenfalls, sonst
ahāvaraṁ *Adv.* (athāparam) außerdem; nun folgt
ahiṁsā *f.* (ahiṁsā) Nichtschädigung, Nichtverletzung
ahika *Adj.* (adhika) zusätzlich, mehr
ahisitta *Adj. PPP* (abhiṣikta) gesalbt, *König* gekrönt
ahiyayara *Adj.* (adhikatara) zu sehr, sehr viel

ā

āicca *m.* (āditya) Sonne
āuya *n.* (āyuṣka) Leben, Lebenskraft
āusa *Adj.* (āyuṣmat) langlebig
āesa *m.* (ādeśa) 1. Gast; 2. Stil, Modus
āgama (I, II) (ā-gam), **āgacchai**, **āgamai**, *PPP* **āgaya** kommen
āgāsa *m.* (ākāśa) Luftraum, Atmosphäre
āyaṁka *m.* (ātaṅka) 1. unheilbare Krankheit; 2. Angst
āyayaṇa *n.* (āyatana) 1. Stätte, Wohnsitz; 2. Tempel; 3. *Jin.* Wirkung des kamma; 4. Problemlösung
āyara (I) (ā-car), **āyarai,** *PPP* **āyariya** 1. folgen, begleiten; 2. besuchen; 3. anwenden, durchführen
āyariya[1] *m.* (ācārya) Lehrer
āyariya[2] *PPP* von **āyara**
āvai *f.* (āpatti) Unfall
āsa *m.* (aśva) Pferd
āsattha *Adj. PPP* (āśvasta) getröstet, beruhigt, erholt
āsā *f.* (āśā) 1. Hoffnung; 2. Wunsch
āsi, āsī *3. Pers. Sing. Impf.* (āsīt) er, sie, es war

i

iṁdiya *n.* (indriya) Sinnesorgan (Auge, Ohr, Nase, Zunge, Haut)
iṭṭhī, **itthī** *f.* (strī) Frau
ibbha *m.* (ibhya) Reicher (Kaufmann)
isi *m.* (ṛṣi) Seher, Weiser

ī

īsara m. (īśvara) 1. Hochgott, Schöpfergott; 2. Gebieter; 3. Reicher

u

uṁcha *n.* (uñcha) 1. Ährenlese; 2. *Jin.* Erbetteln kleiner Almosen
ukkaṭṭha *Adj.* (utkr̥ṣṭa) ausgezeichnet, hervorragend
ukkheva *m.* (utkṣepa) 1. Einführung, Vorwort; 2. Kapitel; 3. Hochwerfen; 4. Entwurzeln
uciya *Adj. PPP* (ucita) 1. geeignet, fähig; 2. günstig
ujjama (I, II) (ud-yam), *PPP* **ujjaya** 1. streben, sich anstrengen; 2. sich bemühen
ujjāṇa *n.* (udyāna) Garten, Park
ujju *Adj.* (r̥ju) *Psych.* aufrecht, ehrlich
uṭṭha (II) (ud-sthā), **uṭṭhei** aufstehen, sich erheben
uḍḍhaṁ *Adv.* (ūrdhvam) 1. aufwärts; 2. ferner, weiterhin
udaga *n.* (udaka) Wasser
udāhara (I) (ud-ā-hr̥), PPP **udāhiya, udāhaḍa** darlegen, erklären, (als Beispiel) nennen, zitieren
uppaṇṇa *PPP* von **uppajja** (utpanna)
umha *m.* (ūṣman) Hitze
uvagasa (I) (upa-kas) herankommen, sich nähern
uvalitta *Adj. PPP* (upa-lipta) beschmiert, gesalbt
uvasaṁpajja (I) (upa-sam-pad), **uvasaṁpajjai,** *PPP* **uvasaṁpanna** sich aneignen, erlangen
uvasama *m.* (upaśama) Befriedung, Beschwichtigung, Ruhe
uvāgama (I) (upā-gam), **uvāgacchai,** *PPP* **uvāgaya** sich begeben, herbeikommen;
uvāya *m.* (upāya) 1. Mittel, Methode; 2. Plan, Konzept

e

ekka *Adj. Num.* (eka) ein, einzig
egāgi *Adj.* (ekākin) allein, einsam, einzeln
ettiya *Adj.* (etāvat) so lange
ettha *Adv.* (atra) hier
erisa *Adj.* (īdr̥śa) solch, derartig

o

osaha *n.* (auṣadha) (Heil-)Kraut, Arznei, Medizin

k

kai *m.* (kapi) Affe
kao[1] *Pron. interr.* (kva) wo?, wohin?
kao[2] *Pron. interr.* (kutaḥ) woher?, von wo?, warum?
kaṁ *Pron. interr. m. Akk. Sing.* (kam) wen?
kaṁṭaga *m.* (kaṇṭaka) 1. Dorn, Stachel; 2. Übel
kaṁtāra *m.* (kāntāra) Waldwildnis
kajja[1] (kārya) *Adj. Ger.* machbar, möglich
kajja[2] *n.* (kārya) Aufgabe, Pflicht, Vorhaben
kaḍa *Adj. PPP* (kr̥ta) getan, erledigt, bereit, fertig
kaḍua *Adj.* (kaṭuka) 1. scharf, bitter, ätzend; 2. schlimm, unangenehm
kaṇṇa *m.* (karṇa) Ohr
kaṇṇā *f.* (kanyā) Mädchen
katto *Pron. interr.* (kutaḥ) woher?, von wo?
kaddama *m.* (kardama) Schlamm
kappa *m.* (kalpa) 1. Regel, Sitte; 2. Weltzeitalter
kamala *m., n.* (kamala) Lotusblüte
kamma *n.* (karman) 1. Tat, Werk; 2. *Jin.* Tatenfolge
kayattha *Adj.* (kr̥tārtha) seinen Zweck erreicht habend, zufrieden
kara (I, II) (kr̥), **karai, kare** machen, tun, ausführen
kalā *f.* (kalā) 1. Kunst, Kenntnis, Wissen; 2. Teilchen, Atom
kaluṇa *m.* (karuṇa) Mitleid
kalla[1] Adj. (kalya) 1. gesund, kräftig; 2. geschickt, tüchtig
kalla[2] *n.* (kalya) Folgetag, nächster Morgen
kavala *m.* (kavala) Bissen, Happen
kavva *n.* (kāvya) Gedicht, Poesie
kasiṇa *Adj.* (kr̥ṣṇa) schwarz
kaha (II) (kath), **kahei**, *PPP* **kahiya** erzählen
kahaṁ *Adv.* (katham) wie?, warum?
kahā *f.* (kathā) Erzählung, Geschichte, Rede
kāma *m.* (kāma) 1. Wunsch, Begehren; 2. Liebe, Lust, Vergnügen
kāya[1] *m.* (kāka) Krähe
kāya[2] *m.* (kāya) Körper, Leib

kāraṇa *n.* (kāraṇa) Ursache
kāla *m.* (kāla) 1. Zeit; 2. Ende, Tod
kālagaya *Adj. PPP* (kālagata) *bildh.* verstorben, tot
kiṁ *Pron. interr. n. Nom. Sing.* (kim) was?
kiṁkara *m.* (kiṁkara) Diener
kiraṇa *m.* (kiraṇa) (Licht-)Strahl
kilāma (II) (klam *Kaus.*), **kilāmei**, *PPP* **kilaṁta** belästigen, ermüden *tr.*
kivā *f.* (kr̥pā) Mitleid
kīla (I) (krīḍ), *PPP* **kīliya** spielen
kuṁbhakara *m.* (kumbhakara) Töpfer
kuḍumva *n.* (kuṭumba) Familie, Hausstand
kuṇa (I) (kr̥) **kuṇai** tun, machen
kuppa (I) (kup), **kuppai** zürnen
kumāra *m.* (kumāra) 1. Kind, Junge; 2. Prinz
kula *n.* (kula) 1. vaterseitliches Geschlecht; 2. Familie; 3. Haus, Wohnung; 4. Menge, Vielzahl
kusala *Adj.* (kuśala) geschickt, fähig, tüchtig
kusīla *Adj.* (kuśīla) einen schlechten Charakter habend, boshaft
kusuma *n.* (kusuma) Blume, Blüte
kūḍāgāha *n.* (kūṭāgāra) Gipfelhütte, Felsbehausung
kevali *m.* (kevalin) *Jin.* Allwissender
kesa *m.* (keśa) Haar, Mähne
ko *Pron. interr. m. Nom. Sing.* (kaḥ) wer?
koḍī *f.* (koṭī) die Zahl 10^7, zehn Millionen
kolāla *n.* (kaulāla) irdenes Gefäß
kova *m.* (kopa) Zorn
koha *m.* (krodha) Zorn, Wut

kh

khagga *m.* (khaḍga) 1. Schwert; 2. Nashorn
khaṇa (I) (khan), **khaṇai** graben
khattiya *m.* (kṣatriya) Krieger; *Pol.* Herrscher
khala *m.* (khala) Schurke
khalu *Adv.* (khalu) freilich, allerdings
khāima *n.* (khādima) Konfekt, Süßigkeit
khea *m.* (kheda) Ermüdung, Verdruss
kheḍa *n.* (kheṭa) ummauerte Stadt

g

gaṁdha *m.* (gandha) 1. Duft, Geruch; 2. Puder

gaṇa (I, II) (gaṇay *Denom.*), **gaṇai, gaṇei** 1. zählen, berechnen; 2. erwägen, berücksichtigen

gaṇahara *m.* (gaṇadhara) *Jin.* Leiter einer Mönchsgruppe

gaṇi *m.* (gaṇin) 1. *Jin.* geistlicher Lehrer; 2. Urteil, Entscheidung

gaya *m.* (gaja) Elefant

gariha (I) (garh) schelten, tadeln

gavva *m.* (garva) Stolz, Hochmut

gahaṇa *n.* (gahana) 1. Waldesdickicht; 2. Einöde

gahiya *Adj. PPP* (gr̥hīta) 1. genommen, ergriffen; 2. gefangen; 3. wahrgenommen, begriffen

gāma (grāma) *m.* 1. Dorf; 2. Gesamtheit; 3. Tonleiter

gāhāvai *m.* (gr̥hapati) Hausvater, Hausherr

gilā (I) (glai), **gilāi** matt sein

gilāṇa *Adj. PPP* (glāna) krank, matt

girā *f.* (gir) Stimme, Sprache

giha *n.* (gr̥ha) Haus, Wohnung

guṇa *m.* (guṇa) 1. (gute) Eigenschaft, Tugend; 2. Bestandteil, Komponente

guru *m.* (guru) (geistlicher) Lehrer, Ehrwürdiger

geṇha (II) (grah), **geṇhei** ergreifen, nehmen

gova *m.* (gopa) (Kuh-)Hirt

c

cau *Adj. Num.* (catur) vier

cauttha *Adj.* (caturtha) vierter

caṁda *m.* (candra) Mond

cakka *n.* (cakra) 1. Rad; 2. Scheibe, Diskus; 3. Trupp, Menge

cakkhu *n.* (cakṣus) 1. Auge, Blick; 2. Sicht

cattālīsā *f.* (catvāriṁśat) vierzig

caya *m.* (tyāga) Aufgeben, Verlassen

cara (I) (car), **carai,** *PPP* **caria** 1. gehen, wandeln, wandern; 2. sich verhalten;

caraṇa *n.* (caraṇa) 1. Fuß; 2. Rücksichtnahme, guter Wandel

cariya *n.* (carita) Verhalten, Wandel, Lebenslauf

ciṁta (I, II) (cint), **ciṁtai, ciṁtei,** *PPP* **ciṁtiya** denken, nachdenken

ciṭṭhā (III) (sthā, tiṣṭha), **ciṭṭhai** stehen
citta *n.* (citta) 1. Gedanke, Bewusstsein, Vernunft; 2. Absicht, Wille; 3. Gemüt
cuṇṇa *n.* (cūrṇa) 1. Pulver; 2. Kalk
ceiya *m.*, *n.* (caitya) 1. Tempel; 2. Grabmal

ch

chaṭṭha *Adj.* (ṣaṣṭha) sechster
chāyā *f.* (chāyā) 1. Schatten; 2. Abbild; 3. Skt.-Übersetzung von Prākr̥t-Texten
chiṁda (I) (chid), *PPP* **chiṇṇa** 1. schneiden, abschneiden; 2. spalten

j

jai *Konj.* (yadi) falls, wenn
jaṁpa (I) (jalp), **jampai,** *PPP* **jampiya** schwatzen
jaṇaya *m.* (janaka) Erzeuger, Vater
jaṇavaya *n.* (janapada) 1. Land, Reich; 2. Untertanen, Volk
jamma *m.*, *n.* (janman) Geburt, Entstehung
jaya (I) (ji), **jayai** besiegen, erobern, erbeuten
jarā *f.* (jarā) (hohes) Alter
jala *n.* (jala) Wasser
jalahara *m.* (jalahara) *bildh.* (Regen-)Wolke
jahā *Konj.* (yathā) wie, womit, damit
jā (III) (yā), **jāi** gehen, fahren
jāṇa *n.* (jñāna) Wissen, Erkenntnis
jāya *Adj. PPP* (jāta) geboren, entstanden
jiya *Adj. PPP* (jita) besiegt; besiegt habend
jīvia *n.* (jīvita) 1. Leben; 2. Lebensunterhalt
jujjha (I) (yudh) kämpfen
juṁja (I) (yuj) 1. anschirren; 2. verbinden, vereinigen
jūya *m.* (dyūta) Würfelspiel
jeṇha *Adj.* (jyautsna) hell, licht
jhiyā (III) (dhyai), **jhiyāi**, **jhiyāyai** nachdenken, meditieren

ḍ

ḍaha (I, II) (dah), **ḍahai**, **ḍahei** brennen *intr.*, verbrennen *tr.* u. *intr.*
ḍahara *Adj.* (dahara) 1. fein, zart; 2. klein, unbedeutend

ṇ

ṇaī *f.* (nadī) Fluss
ṇaṁdaṇa *m.* (nandana) Sohn, Nachkomme
ṇaṭṭasālā *f.* (nāṭyaśālā) Theater(-gebäude)
ṇama (I) (nam), **ṇamai**, *PPP* **ṇamiya** sich verneigen
ṇamaṇa *n.* (namana) Verehrung, Verneigung
ṇayara *n.* (nagara) Stadt
ṇara *m.* (nara) Mann, Mensch, Person
ṇava *Adj. Num.* (navan) neun
ṇaha *n.* (nabhas) Himmel, Firmament
ṇāṇa *n.* (jñāna) Wissen, Erkenntnis
ṇāvā *f.* (nau) Schiff, Boot
ṇāsa *m.* (nāśa) Zerstörung, Vernichtung
ṇiṁda (I) (nind), **ṇiṁdai**, *PPP* **niṁdia** tadeln
ṇikāya *m.* (nikāya) Gruppe, Haufen, Menge
ṇigaccha (I) (ni-gam), **ṇigacchai** gehen
ṇiggaṁtha *m.* (nirgrantha) Fesselleser, *Jin.* Mönch
ṇiggaha (I) (ni-grah) bestrafen, züchtigen
ṇiddhaṇa *Adj.* (nirdhana) besitzlos, arm
ṇibbhaya *Adj.* (nirbhaya) furchtlos
ṇimaṁta (II) (ni-mantray *Denom.*), **ṇimaṁtei** einladen
ṇimmiya *Adj. PPP* (nirmita) geschaffen, erbaut, angefertigt, verfasst
ṇiraya *m.* (niraya) Hölle
ṇivai *m.* (nr̥pati) König („Männerherr“)
ṇivaḍa (I) (ni-pat) fallen, stürzen *intr.*
ṇihāṇa *n.* (nidhāna) Sammlung, Schatz
ṇīya Adj. (nīca) gemein; *Psych.* niedrig
ṇīsesa *Adj.* (niḥśeṣa) restlos, vollständig
ṇe (III) (nī) bringen, führen, tragen
ṇemi *m.* (nemi) Radkranz, Felge
ṇeyāra *Adj.* (netr̥) führend, lenkend
ṇeha *m.* (sneha) Liebe, Zuneigung
ṇhā (III) (snā), **ṇhāi**, *PPP* **ṇhāya**, baden *intr.*

t

taṁ *Pron. dem. n. Nom. u. Akk. Sing.* (tad, tam) es, dies
takkara *m.* (taskara) Dieb, Räuber
tacca *Adj.* (tr̥tīya) dritter
taṇa *n.* (tr̥ṇa) Gras
taṇū *f.* (tanū) Körper, Leib
tattha *Adv.* (tatra) dort
tara (I) (tr̥̄), **tarai** übersetzen, retten
taruṇa *Adj.* (taruṇa) neu, frisch, jung
tava *n.* (tapas) 1. Glut, Hitze; 2. Askese, Buße
tavassī *Adj.* (tapasvin) asketisch, fromm
tasa *m.* (trasa) *bildh.* Lebewesen
tahā *Adv.* (tathā) 1. so, ebenso; 2. sowie
tāṇa *n.* (trāṇa) Schutz
tāya (I) (tr̥̄), **tāyai** schützen, retten
tārā *f.* (tārā) Stern, Sternbild
tāvasa *m.* (tāpasa) Asket, Büßer
ti *Adj. Num.* (tri) drei
tigiccha (I) (cit *Des.*), **tigicchai** *Med.* behandeln
tigicchaga *m.* (cikitsaka) Arzt
tittha *n.* (tīrtha) 1. Furt, heilige Stätte, Wallfahrtsort; 2. *Jin.* Orden, Gemeinde
titthaṁkara *m.* (tīrthaṅkara) Religionsstifter, Reformator
tirikkha, **tiriccha** *m.* (tiraścīna) Tier
tīra *n.* (tīra) Ufer
tīsā *f. Num.* (triṁśat) dreißig
tu *Konj.* (tu) aber, doch, jedoch, indessen
tumaṁ *Pron. pers. 2. Pers. Nom. Sing.* (tvam) du
tumhe *Pron. pers. 2. Pers. Nom. Pl.* (yūyam) ihr
te *Pron. dem. Nom. Pl.* (te) diese
tettīsa *n.* Num. (trayastriṁśat) dreiunddreißig
tula (II) (**tul**), **tulei,** *PPP* **tuliya**, wiegen *tr.*, wägen

th

thāvara *Adj.* (sthāvara) unbeweglich, fest
thūla *Adj.* (sthūla) dick, massig
thera *Adj.* (sthavira) ehrwürdig

thova *Adj.* (stoka) gering, unbedeutend, ein wenig

d

daṁta *Adj. PPP* (dānta) gezügelt, beherrscht
daṁḍa *m.* (daṇḍa) 1. Stock, Strafe; 2. Macht, Gewalt; 3. Böses
dama (II) (dam *Kaus.*), **damei**, *PPP* **damiya** zähmen, bezwingen
dala *n.* (dala) 1. Blatt; 2. Teil, Stück
dahi *n.* (dadhi) Sauermilch
dāṇa *n.* (dāna) Gabe, Geschenk
dāya *n.* (dāya) 1. Anteil; 2. Erbe, Erbschaft
dāridda *n.* (dāridya) Armut
dāsa *m.* (dāsa) Diener, Knecht, Sklave
dāsī *f.* (dāsī) Dienerin, Sklavin
diṭṭha *Adj. PPP* (dṛṣṭa) erblickt, gesehen, erkannt
diṇa (dina) Tag
divasa *m.* (divasa) Tag
diyā *f.* (divā) Tag
divva *Adj.* (divya) himmlisch, göttlich
disā *f.* (diś) Himmelsrichtung
dīṇa *Adj.* (dīna) arm, karg, kläglich, elend
dīva *m.* (dīpa) Lampe
dīha *Adj.* (dīrgha) ausgedehnt, lang, weit
dukkara *Adj.* (duṣkara) schwierig
duṭṭha *Adj.* (duṣṭa) bösartig, sündhaft, schuldig
duddaṁta *Adj.* (durdānta) schwer zu bändigen, ungezügelt
duddha *n.* (dugdha) Milch
duma *m.* (druma) Baum
dullabha, dullaha *Adj.* (durlabha) schwer zu erlangen
dussīla *Adj.* (duḥśīla) einen schlechten Charakter habend, boshaft
dūraṁ *Adv.* (dūram) fern, weit weg
dūya *m.* (dūta) Bote, Gesandter
deula *n.* (devakula) Tempel
deva *m.* (deva) Gott, *bildh.* König
devayā *f.* (devatā) Gottheit
devī *f.* (devī) Göttin, *bildh.* Königin
do *Adj. Num.* (dva, Konstruktion mit Dual) zwei
docca *Adj.* (dvitīya) zweiter

dosa[1] m (doṣa) Fehler, Schuld, Sünde
dosa[2] m (dveṣa) Hass
dohala *m.* (dohada, dohala) (Schwangerschafts-)Gelüste

dh

dhaṇa *n.* (dhana) Besitz, Reichtum, Vermögen
dhaṇṇa *Adj.* (dhanya) förderlich, heilsam
dhamma *m.* (dharma) 1. Religion; 2. Sitte, Anstand, Tugend, Moral
dhammapaṇṇatti *f.* (dharmaprajñapti) Belehrung über den rechten Wandel
dharaṇiyala *n.* (dharaṇītala) Erdboden
dhavala *Adj.* (dhavala) weiß
dhāī *f.* (dhātrī) Amme, Kindermädchen
dhāvaṇa *n.* (dhāvana) Laufen, Rennen
dhūyarā *f.* (duhitr̥) Tochter
dheṇu *f.* (dhenu) Milchkuh

p

pai *m.* (pati) Herr, Gatte
pautta *n.* (prayukta) Anwendung, Gebrauch
pauma *n.* (padma) Wasserrose, Lotusblüte
paura *Adj.* (pracura) reichlich
paṁkaya *m.* (paṅkaja) *bildh.* Lotus
paṁca *Adj. Num.* (pañcan) fünf
paṁcama *Adj.* (pañcama) fünfter
pakkhiva (I, II) (pra-kṣip), **pakkhivai**, **pakkhivei** 1. wegwerfen; 2. einfügen
paccakkhā (III) (praty-ā-khyā), **paccakkhāi**, *PPP* **paccakkhāya** zurückweisen, verbieten
pacchā *Präp.* (paścāt) hinter, hinterher
pacchāgaccha (I) (praty-ā-gam), **pacchāgacchai** zurückkehren; *PPP* **pacchākaḍa** (paścātkr̥ta) *Jin. Mönch* ins weltliche Leben zurückgekehrt
pajjuvāsa (I) (pary-upa-ās), **pajjuvāsai** bedienen, verehren, huldigen
paḍa (I) (pat), **paḍai** 1. fallen; 2. verfallen, untergehen
paḍikkama (I, II) (prati-kram), **paḍikkamai**, **paḍikkamei** 1. umkehren, zurückkehren; 2. *Jin.* Sünde bereuen
paḍigamaṇa *n.* (prati-gamana) Rückkehr
paḍu *Adj.* (paṭu) scharfsinnig, geschickt, tüchtig

paḍhama *Adj.* (prathama) erster, frühester
paṇṇa *n.* (parṇa) Blatt
paṇha *m.* (praśna) Frage
patta *Adj. PPP* (prāpta) erlangt, erreicht, vollendet
patthaṇā *f.* (prārthanā) Bitte, Ersuchen, Wunsch
pamāya *m.* (pramāda) 1. Rausch, Tollheit; 2. Sorglosigkeit, Fahrlässigkeit
paya (I) (pac), **payai** kochen *tr.*
payā *f.* (prajā) 1. Untertanen; 2. Geschöpfe, Leute; 3. Nachkommenschaft
payāṇa *n.* (pradāna) Geben, Spenden
para *Adj.* (para) 1. anderer; 2. bester, höchster
parama *Adj.* (parama) 1. höchster, bester; 2. fernster, äußerster
parāiya *Adj. PPP* (parājita) besiegt, überwunden
parākkama[1] (II) (parā-kram), **parākkamei,** *PPP* **parākkaṁta** sich anstrengen
parākkama[2] *m.* (parākrama) 1. Gewalt, Macht; 2. Anstrengung, Energie, Mühe
pariggaha *m.* (parigraha) 1. Nehmen, Aneignung; 2. Egoismus, Besitzgier
parituṭṭha *Adj. PPP* (parituṣṭa) erfreut, zufrieden gestellt
parimala *m.* (parimala) Duft, Wohlgeruch
parivasa (I) (pari-vas) 1. wohnen, bewohnen; 2. übernachten
parisakkāra *m.* (puruṣātkāra) Menschenwerk
parisā *f.* (pariṣad) 1. Versammlung; 2. Schar, Gefolge
parihia *Adj. PPP* (pari-hita) 1. umgeben; 2. *Kleidung* angezogen
palāiya *Adj. PPP* (palāyita) geflohen
palāya (I) (palā-i), **palāyai,** *PPP* **palāiya** weglaufen, fliehen
palitta *Adj. PPP* (pradīpta) angezündet, entflammt, brennend
pavara *Adj.* (pravara) hervorragend, bester, höchster
pavisa (I) (pra-viś), **pavisai** eintreten, betreten
pasaṁsaṇijja *Adj. Ger.* (praśaṁsanīya) rühmenswert, lobenswert
pasava (I) (pra-sū), **pasavai** gebären, erzeugen
pasiṇa *m.* (praśna) Frage
pasūya *Adj. PPP* (prasūta) geboren, erzeugt
pāuṇa (I) (pra-āp), **pāuṇai** erhalten, bekommen
pāusa *m.* (prāvṛ̥ś *f.*) Regen, Regenzeit
pāḍihāriya *Adj.* (prātihārika) Mobiliar, die Grundausstattung darstellend
pāṇa[1] *m.* (prāṇa) 1. Lebewesen; 2. Atem
pāṇa[2] *n.* (pāna) 1. Trinken; 2. Getränk
pāṇāivāya *m.* (prāṇātipāta) Tötung eines Lebewesens
pāṇi *m.* (pāṇi) Hand
pāya *m.* (pāda) Fuß

pāyacchita *n.* (prāyaścitta) Sühnezeremonie, Bußübung
pāyava *m.* (pādapa) *bildh.* Baum („Fußtrinker")
pāyasa *n.* (pāyasa) Milchspeise, Milchreis
pāla (II) (pālay *Denom.*), **pālei** beschützen
pāva (pāpa) 1. *m.* Bösewicht; 2. *n.* Sünde, Übeltat
pāvaga *m.* (pāvaka) Feuer
pāvayaṇa *n.* (pravacana) Lehre, Predigt
pāsa[1] (I, II) (dr̥ś, paśya), **pāsai**, **pāsei** sehen, erblicken
pāsa[2] *m.* (pāśa) 1. Seil, Strick; 2. Schlinge, Fessel
piṁḍa *m.* (piṇḍa) 1. Klumpen, Stück; 2. *Buddh.*, *Jin.* Almosenspeise
piya *Adj.* (priya) gut, lieb, angenehm, freundlich
piyara *m.* (pitr̥) Vater
piyā *f.* (priyā) Gattin
pīi *f.* (prīti) 1. Zuneigung; 2. Freude
pīḍa (I, II) (pīḍ), **pīḍai**, **pīḍei** quälen
pīḍha *m.*, *n.* (pīṭha) Sitz, Stuhl, Bank
pīṇa *Adj.* *PPP* (pīna) fett, feist, dick, üppig
puccha (I) (prach**), pucchai,** *PPP* **pucchiya** fragen
puṇa *Adv.* (punar) 1. wieder, erneut; 2. außerdem, ferner
puṇṇa *n.* (puṇya) Tugendverdienst
puṇṇimā *f.* (pūrṇimā) Vollmondsnacht
putta *m.* (putra) Sohn
puppha *n.* (puṣpa) Blume, Blüte
pura *n.* (pura) Stadt
purisa *m.* (puruṣa) Mann, Mensch, Person
purīsa *n.* (purīṣa) Kot, Dung, Mist
puvva *Adj.* (pūrva) ehemalig, früher
puvvaṁ *Adv.* (pūrvam) einstmals, früher, vorher
pūa (II) (pūj), **pūei**, *PPP* **pūiya** anbeten, verehren
pūiya *Adj.* *PPP* (pūjita) angebetet, verehrt
pūyā *f.* (pūjā) Anbetung, Gottesdienst
peccha (I, II) (pra-īkṣ), **pecchai**, **pecchei** anblicken, betrachten
poggala *m.* (pudgala) 1. *Phil.* Materie, Stoff; 2. Seele
potthaya *m.* (pustaka) Buch
poya *m.* (pota) 1. Kind; *Tier* Junges; 2. Schiff, Boot
posa (II) (puṣ *Kaus.*), **posei** ernähren, pflegen

ph

pharusa *Adj.* (paruṣa) rau, streng, grob, barsch
phala *n.* (phala) Frucht, Ergebnis, Resultat, Lohn
phalaga *n.* (phalaka) Brett, Bohle, Planke; Tisch
phura (I) (sphur), **phurai** 1. klopfen, pochen; 2. zucken, zappeln
phulla *Adj.* (phulla) blühend, aufgeblüht
phusa (I) (spṛś), **phusai,** *PPP* **phusiya** anfassen, berühren

b

baṁdha (I) (bandh), **baṁdhai** binden, fesseln
baṁdhaṇa *n.* (bandhana) Fesseln, Binden
battīsa *n. Num.* (dvātriṁṣati *f.*) zweiunddreißig
baya *m.* (baka) Kranich
bala *n.* (bala) Kraft, Macht
bahiyā *Adv.* (bahis) draußen
bahu *Adj.* (bahu) viel
bāyara *Adj.* (bādara) fett, massig, massiv
bāyālīsa *n. Num.* (dvācatvāriṁśat *f.*) zweiundvierzig
bāra *n. Num.* (dvādaśan) zwölf
bāla *m.* (bāla) 1. Kind, Junges; 2. Narr
bālatta *n.* (bālatva) Kindheit
bāliyā *f.* (bālikā) Mädchen
bāvattari *f. Num.* (dvāsaptati) zweiundsiebzig
bāvīsa *n.*, **bāvīsai** *f. Num.* (dvāviṁśati) zweiundzwanzig
bāsaṭṭhi *f. Num.* (dvāṣaṣṭi) zweiundsechzig
bāsīi *f. Num.* (dvyaśīti) zweiundachtzig
buddhi *f.* (buddhi) Weisheit, Verstand, Intelligenz
bū (III) (brū) **bei, buyāi** sprechen, sagen, reden
beṇaui *n. Num.* (dvānavati *f.*) zweiundneunzig

bh

bhai *f.* (bhṛti) Lohn, Lohnarbeit
bhaṁta (bhadanta) *m.* Ehrwürdiger
bhakkha *n.* (bhakṣya) Nahrung, Speise, Lebensmittel
bhaḍa *m.* (bhaṭa) Soldat

bhaṇa (I, II) (bhaṇ) **bhaṇai, bhaṇei,** *PPP* **bhaṇiya** sagen, sprechen
bhatta *n.* (bhakta) 1. Mahlzeit; 2. Nahrung, Speise
bhadda *n.* (bhadra) Wohlergehen, Wohlfahrt, Glück, Segen
bhamara *m.* (bhramara) Biene
bhaya *n.* (bhaya) Angst, Furcht
bhavva *Adj.* (bhavya) passend, angemessen
bhāra *m.* (bhāra) Bürde, Last
bhāriyā *f.* (bhāryā) Gattin
bhāsa (I) (bhāṣ), **bhāsai,** *PPP* **bhāsiya** sprechen
bhāsā *f.* (bhāṣā) Rede, (Volks-)Sprache
bhiṁd (I) (bhid), **bhiṁdai,** *PPP* **bhinna** zerbrechen *tr.*, spalten, öffnen
bhikkhu *m.* (bhikṣu) Bettelmönch
bhisaṁ *Adv.* (bhr̥śam) sehr, heftig
bhīsaṇa Adj. (bhīṣaṇa) schrecklich, Furcht erregend
bhuvaṇa *n.* (bhuvana) 1. Welt; 2. Erde
bhūva *m.* (bhūpa) *bildh.* König
bhūsaṇa *n.* (bhūṣaṇa) Schmuck, Verzierung
bherava *Adj.* (bhairava) grausig, schrecklich
bhoga *m.* (bhoga) 1. Essen, Genuss; 2. Freude, Lust; 3. Gebrauch, Verwendung

m

maṁgala *n.* (maṅgala) Glück, Segen, gutes Omen
maṁda *Adj.* (manda) langsam
maṁsa *n.* (māṁsa) Fleisch
magga *m.* (mārga) Weg, Straße
maccu *m.* (mr̥tyu) Tod
majja *n.* (madya) Rauschtrank, Wein, Branntwein
majjha *Adj.* (madhya) mittlerer
maṭṭiyā *f.* (mr̥ttikā) Lehm, Ton
maṇa *n.* (manas) Geist, Verstand, Gedanke
maṇussa *m.* (manuṣya) Mensch
mama *Pron. pers. 1. Pers. Sing. Gen.* (mama) von mir, mein
maya *Adj. PPP* (mr̥ta) verstorben, tot
marua *m.* (marut) Wind
maliṇa *Adj.* (malina) schmutzig
maha (I) (mah) **mahai**, *PPP* **mahiya** verehren
mahā *Adj.* (mahat) groß

mahuyara *m.* (madhukara) *bildh.* Biene („Honigmacher“)

mahura *Adj.* (madhura) süß, lieblich

mahavvaya *m.*, *n.* (mahāvrata) großer Eid, strenges Gelübde

mā *prohibitive Partikel* (mā) nicht; dass nicht (lat. ne)

māṇa *n.* (māna) 1. Stolz, Hochmut; 2. Messen

māṇusa *Adj.* (mānuṣa) menschlich

māyā[1] *f.* (māyā) Betrug, Trugbild

māyā[2] *f.* (mātr̥) Mutter

māyāpiu *m.* (mātāpitr̥) Eltern

māra *m.* (māra) 1. Tod, Todesgott; 2. *Jin.* Weltgetriebe

mālā *f.* (mālā) 1. Kranz, Girlande; 2. *Lit.* Reihe, Serie

māsa *m.* (māsa) Monat

miṁjā *f.* (majjā) *Anat.* Mark

miga *m.* (mr̥ga) Antilope, Gazelle

mila (I) (mil), **milai**, **milei** sich vereinigen

miliya (milita) *PPP* von **mila** (mil) vereinigt, getroffen

mua, muṁca (I) (muc), **muai** befreien, entlassen, erlösen

mukkha[1] *m.* (mūrkha) Dummkopf, Narr

mukkha[2] *m.* (mokṣa) Erlösung

muṇi *m.* (muni) Seher, Weiser

musā *Adv.* (mr̥ṣā) 1. falsch, unrichtig; 2. unwahr, lügnerisch

musāvāya *m.* (mr̥ṣāvāda) lügenhafte Rede

muha *n.* (mukha) 1. Mund, Gesicht; 2. Oberteil, Spitze

mūla *n.* (mūla) 1. Wurzel; 2. Anfang, Ursprung; 3. Ursache, Grund

meha *m.* (megha) Wolke

mehuṇa *n.* (maithuna) Beischlaf, Geschlechtsverkehr

mora *m.* (mayūra) Pfau

y

yaṁta *Adj. PPP* (yata) angespannt, angestrengt

yattiya *Adj.* (yātrika) reisend, fahrend

yasa *n.* (yaśas) Ruhm

yāṇa (I) (jñā), **yāṇai** wissen

yāvadaṭṭha *Adj.* (yāvadartha) so viel wie nötig

r

rai *f.* (rati) Liebe, Lust
rakkha (I) (rakṣ), **rakkhai,** *PPP* **rakkhiya** schützen
rajja *n.* (rājya) 1. Reich, Königreich; 2. Regierung
raṇṇa *n.* (āraṇya) Wald, Urwald
ravi *m.* (ravi) Sonne
rasa *m.* (rasa) 1. Saft; 2. Geschmack; 3. Verlangen, Leidenschaft
raha[1] *n.* (rahas) Geheimnis
raha[2] *m.* (ratha) Wagen
rahakāra *m.* (rathakāra) (Streit-)Wagenbauer
rāi *f.* (rātri) Nacht
rāībhoyaṇa *n.* (rātrībhojana) Essen bei Nacht
rāya *m.* (rājan) König
riya (I) (r̥), **riyai** schreiten, wandern
rukkha *m.* (vr̥kṣa) Baum
ruya (I) (rud), **ruyai** weinen
rūva *n.* (rūpa) Form, Gestalt
roga, **roya** *m.* (roga) Krankheit

l

lajja (I) (lajj), **lajjai,** *PPP* **lajjiya** beschämt sein, sich schämen
laddha *Adj. PPP* (labdha) erlangt, erhalten, bekommen
layā *f.* (latā) Schlingpflanze, Liane, Ranke
labha (I) (labh), **labhai** erhalten, erlangen, bekommen
lubha (I) (lubh), **lubhai** begehren, verlangen
leha *m.* (lekha) Schrift, Brief
lehā *f.* (lekhā) Linie, Strich
loga *m.* (loka) Welt
loṇa *n.* (lavaṇa) Salz
loha *m.* (lobha) Gier, Verlangen

v

vaṁda (I) (vand), **vaṁdai,** *PPP* **vaṁdiya** (ehrfurchtsvoll) begrüßen
vaggurā *f.* (vāgurā) 1. Haufen, Menge; 2. Falle
vaggha *m.* (vyāghra) Tiger

vaccha[1] *m.* (vatsa) Kind
vaccha[2] *m.* (vr̥kṣa) Baum
vaḍḍha (I) (vr̥dh), **vaḍḍhai** wachsen
vaḍḍhi *f.* (vr̥ddhi) 1. Gedeihen, Wachstum; 2. Zinsen
vaṇa *n.* (vana) Wald
vaṇīmaga *m.* (vaṇīyaka) Bettler
vaṇṇa (I) (varṇ), **vaṇṇai**, *PPP* **vaṇṇiya** 1. beschreiben, schildern; 2. färben
vattha *n.* (vastra) Gewand, Kleid; Stoff, Tuch
vaya[1] *n.* (vacas) Wort, Rede
vaya[2] *m.*, *n.* (vrata) Eid, Gelübde
vaya[3] (I) (vad), **vayai** sprechen, reden
vayaṇa[1] *n.* (vacana) Wort; Sprechen, Rede
vayaṇa[2] *n.* (vadana) Mund, Gesicht
vara *Adj.* (vara) bester, schönster
varisa *m.*, *n.* (varṣa) 1. Regen; 2. Jahr
vallaha *Adj.* (vallabha) lieb, beliebt
vasa[1] (I) (vas), **vasai** wohnen, verweilen
vasa[2] *m.* (vaśa) Einfluss, Gewalt, Herrschaft
vaha[1] (I) (vah), **vahai** 1. tragen, transportieren; 2. fahren *tr. u. intr.*
vaha[2] (II) (vadh), **vahei** töten
vā[1] *Konj.* (vā) 1. oder; 2. indessen, sogar; 3. gleichsam
vā[2] (III) (vā), **vāi** blasen, wehen
vāṇara *m.* (vānara) Affe
vāyasa *m.* (vāyasa) Krähe
vāri *n.* (vāri) Wasser
vāvī *f.* (vāpī) Brunnen
vāsa *m.*, *n.* (varṣa) 1. Regen; 2. Jahr
vāhi *f.* (vyādhi) Krankheit
vi *Konj.* (api) auch, sogar
viula *Adj.* (vipula) reichlich, ausgedehnt, umfangreich
vijja (I) (vid), **vijjai** vorhanden sein, existieren
vijjā *f.* (vidyā) Kenntnis, Wissen, Wissenschaft
viṇaya *m.* (vinaya) Zucht, Ordnung, Disziplin
viṇā *Präp. mit Instr.* (vinā) ohne
vitta *n.* (vitta) Besitz, Vermögen, Habe
vitti *f.* (vr̥tti) 1. Erwerb, Lebensunterhalt; 2. Kommentar
vippajahā (III) (vi-pra-hā), **vippajahai** aufgeben, verlassen
vipaḍivanna *Adj. PPP* (vipratipanna) verboten, gehemmt, verhindert

vippaṇassa (I) (vi-pra-naś), **vippaṇassai** zugrunde gehen, verderben *intr.*
vippalāva *m.* (vipralāpa) 1. Geschwätz, Geplapper; 2. Widerspruch
vippavasiya *Adj. PPP* (viproṣita) verzogen, verreist
vippasāya (II) (vi-pra-sad *Kaus.*), **vippasāyai** beruhigen, besänftigen
vippiya *Adj.* (vipriya) unerwünscht, unangenehm
vippusa *n.* (vipruṣ) 1. Tropfen; 2. Stückchen
vippekkha (I) (vi-pra-īkṣ), **vippekkhai,** *PPP* **vippekkhiya** beobachten, erkennen
vibāhā *f.* (vibādhā) Schmerz, Qual, Pein
vibohaṇa *n.* (vibodhana) Geist, Erleuchten
vibbhaṁta *Adj. PPP* (vibhrānta) aufgeregt, verwirrt, bestürzt
vibhaja (I) (vi-bhaj), **vibhajai,** *PPP* **vibhatta** austeilen, verteilen
vibhava *m.* (vibhava) Reichtum, Macht
vibhāsa (I) (vi-bhāṣ), **vibhāsai** (deutlich) sprechen, erklären, verdeutlichen
vibhūi *f.* (vibhūti) 1. Macht, Herrlichkeit; 2. Gedeihen, Wohlstand
vibhūsiya *Adj. PPP* (vibhūṣita) geschmückt, verziert
vimaṁsā *f.* (vimarśa *m.*) Prüfung, Bedenken, Überlegung
vimaṇa *Adj.* (vimanas) 1. gedankenlos, töricht; 2. traurig
vimala *Adj.* (vimala) fleckenlos, makellos, sauber, lauter
vimāṇaṇa *n.* (vimānana) Missachtung
vimāyā *f.* (vimātratā) Ungleichmäßigkeit, Unebenheit
vimutti *f.* (vimukti) Befreiung, Erlösung
vimoha (II) (vi-muh *Kaus.*), **vimohei** verwirren, betören
viṁhaya *m.* (vismaya) Überraschung, Wunder
viyaṁga *Adj.* (vyaṅga) *Anat.* verkrüppelt
viyakka *m.* (vitarka) Vermutung, Überlegung
viyaḍa[1] *Adj.* (vikaṭa) 1. grausig, scheußlich; 2. ungeheuer, riesig, weit
viyaḍa[2] *Adj.* (vikr̥ta) enthüllt, offenbar
viyasiya *Adj. PPP* (vikasita) erblühend
viyāṇa *n.* (vitāna) Ausbreitung, Umfang
viyārabhūmi *f.* (vicārabhūmi) Abort, Toilette
viyāhiya *Adj. PPP* (vyākhyāta) beschrieben, dargelegt, erklärt
virai *f.* (virati) 1. Aufhören, Schluss; 2. Enthaltsamkeit
virajja (I) (vi-rañj), **virajjai,** *PPP* **viratta** 1. sich entfärben; 2. gleichgültig werden, entsagen
virasa *Adj.* (virasa) 1. saftlos, trocken; 2, ekelhaft, widerlich
viraha *m.* (viraha) 1. Trennung, Unterbrechung; 2. Einsamkeit
virāla *m.* (viḍāla) Katze
viruddha *Adj. PPP* (viruddha) entgegengesetzt, feindselig

virūva *Adj.* (virūpa) 1. hässlich; 2. mannigfaltig, verschiedenartig
vilava (I) (vi-lap), **vilavai** jammern, klagen
vilasiya *n.* (vilasita) Liebesspiel, Flirt
viliha (I) (vi-lih), **vilihai** lecken, ablecken
vilum̐pa (I) (vi-lup), **vilum̐pai**, *PPP* **vilutta** 1. zerreißen *tr.*; 2. rauben, plündern
villī *f.* (vallī) Schlingstrauch, Liane
vivakka *Adj.* (vipakva) 1. reif, gar; 2. entwickelt
vivaccāsa *m.* (viparyāsa) 1. Vertauschung; 2. Verkehrtheit, Verwechslung
vivajjaṇā *f.* (vivarjana *n.*) Verlassen, Meiden
vivaṇi *f.* (vipaṇi) Laden, Markt
vivatti *f.* (vipatti) 1. Unglück, Unglücksfall; 2. Untergang, Tod
vivara *n.* (vivara) Öffnung, Höhle, Loch, Spalt
vivāya *m.* (vivāda) Disput, Auseinandersetzung, (Gerichts-)Prozess
vivāha *m.* (vivāha) Hochzeit
vivitta *Adj. PPP* (vivikta) 1. einsam, isoliert, gesondert; 2. mannigfaltig, verschiedenartig
vivega *m.* (viveka) 1. Unterscheidung; 2. Kritik, Prüfung, Untersuchung
visa *n.* (viṣa) Gift
visajja (II) (vi-sṛj), **visajjei,** *PPP* **visajjiya** loslassen, freilassen
visaṇṇa *Adj. PPP* (viṣaṇṇa) 1. bestürzt, niedergeschlagen, verzweifelt; 2. sündig
visama *Adj.* (viṣama) uneben, unzugänglich; *Zahl* ungerade
visamissa *Adj.* (viṣamiśra) mit Gift gemischt, vergiftet
visaya *m.* (viṣaya) 1. *Phil.* Sinnesobjekt; 2. Sinnesfreude, Liebeswonne; 3. Gebiet, Land, Reich
visāṇa *n.* (viṣāṇa) 1. Horn; 2. Stoßzahn
visāya *m.* (viṣāda) Bestürzung, Verzweiflung
visāla *Adj.* (viśāla) ausgedehnt, weit, geräumig
visiṭṭha *Adj.* (viśiṣṭa) 1. hervorragend, ausgezeichnet; 2. speziell, besonders
visīla *Adj.* (viśīla) boshaft, übelgesninnt
visuddha *Adj. PPP* (viśuddha) fleckenlos, makellos, rein
visesa *m.* (viśeṣa) 1. Spezifik, Besonderheit; 2. Art, Spezies
visoha (I, II) (vi-śudh *Kaus.*), **visohai, visohei** reinigen, läutern
vissa *Adj.* (viśva) alles, jeder, ganz
vissam̐bha *m.* (viśrambha) Vertrauen
vissāsa *m.* (viśvāsa) Glaube, Vertrauen
vissuya *Adj. PPP* (viśruta) berühmt
viham̐ga *m.* (vibhaṅga) 1. Verteilung; 2. Anteil
vihaga *m.* (vihaga) *bildh.* Vogel

vihamma *Adj.* (vidharman) ungesetzlich, unrecht
vihara (I) (vi-hr̥), **viharai** 1. sich aufhalten; 2. lustwandeln
vihavā *f.* (vidhavā) Witwe
vihāṇa *n.* (vidhāna) 1. Vorschrift, Bestimmung, Regel; 2. Art, Spezies
vihāra *m.* (vihāra) 1. Spaziergang; 2. *Buddh.* Kloster; 3. (heiliger) Wandel
vihi *m.* (vidhi) 1. Modus; 2. Anordnung, Gesetz, Vorschrift, Regel
vihiya *Adj. PPP* (vihita) angeordnet, vorgeschrieben
vīi *f.* (vīci) 1. Welle, Woge; 2. Verbindung, Kontakt
vīikkaṁta *Adj. PPP* (vyatikrānta) 1. überschritten; 2. entschwunden
vīmāṁsā *f.* (mīmāṁsā) Betrachtung, Überlegung, Prüfung
vīra *m.* (vīra) Held
vīriya *n.* (vīrya) Kraft, Energie
vīsai *f. Num.* (viṁśati) zwanzig
vīhi *m.* (vrīhi) Reis
vuijja *Adj. PPP* (ukta) gesagt, gesprochen
vukkama *m.* (vyutkrama) Fehltritt, Unfall
vuccamāṇa *Adj. Part.* (ucyamāna) sprechend
vuṭṭhi *f.* (vr̥ṣṭi) Regen
vuḍḍhi *f.* (vr̥ddhi) Wachstum, Gedeihen
vutta *Adj. PPP* (ukta) gesagt, gesprochen
vea (I, II) (vid *Kaus.*), **veai, veei** informieren, mitteilen
vega *m.* (vega) Impuls, Ruck
vejja *m.* (vaidya) Arzt
veḍha (II) (veṣṭ), **veḍhei,** *PPP* **veḍhiya** umhüllen
veṇaiya *Adj.* (vainayika) wohlerzogen, gesittet
veṇi *f.* (veṇi) Haarflechte, Zopf
veṇu *m.* (veṇu) Rohr, Bambus
veda[1] (II) (vid), **vedei** wissen
veda[2] *m.* (veda) *Lit.* Veda
vedaṇā *f.* (vedanā) Schmerz
veya *m.* (veda) 1. *Lit.* Veda; 2. Kenntnis, Wissen; 3. Empfindung
veyaṇa[1] *n.* (vetana) Arbeitslohn
veyaṇa[2] *n.* (vedana) Empfindung, Gefühl
veyāla *m.* (vetāla) Dämon, Gespenst
verajja *n.* (vairājya) Umsturz, Revolution
veramaṇa *n.* (viramaṇa) 1. Nachlassen, Aufhören; 2. Entsagung, Verzicht
vairi *Adj.* (vairin) feindlich
velā *f.* (velā) 1. Ufer, Küste; 2. Zeit; 3. Grenze

vesa *m.* (veṣa) Kleid, Gewand, Tracht
vesā *f.*, **vesiyā** *f.* (veśyā) Dirne, Hetäre
veha *m.* (vedha) 1. Durchbohren; 2. Loch
vogaḍa *Adj. PPP* (vyākṛta) genau beschrieben, deutlich erklärt
voma *n.* (vyoman) Himmel, Luftraum
vosira (I) (vyud-sṛ), **vosirai** aufgeben, verlassen
vosiraṇa *n.* (vyutsarjaṇa) Entlassen, Verlassen, Aufgeben

s

sa[1] *Adj.* (sat) 1. gut, redlich; 2. seiend, existierend, vorhanden
sa[2] *Pron.* (sva) eigen (= mein, dein, sein, ihr)
sa[3] (sa) vor *Adj.* u. *Adv.* 1. mit, versehen mit, begleitet von
saiṁ *Adv.* (sakṛt) einmal
saṁkheva *m.* (saṁkṣepa) Zusammenfassung
saṁjoga *m.* (saṁyoga) Verbindung, Zusammenhang
saṁthava *m.* (saṁstava) 1. Lobpreisung; 2. Vertrautheit
saṁdeha *m.* (saṁdeha) Zweifel, Ungewissheit
saṁpeha (I, II) (sam-pra-īkṣ), **saṁpehai**, **saṁpehei** betrachten, überlegen, nachdenken
saṁvacchara *m.* (saṁvatsara) Jahr
saṁvāsa *m.* (samvāsa) Zusammenwohnen
saṁsāra *m.* (saṁsāra) 1. *Buddh.*, *Jin.* Geburtenkreislauf, Seelenwanderung; 2. Weltall
sakka (I) (śak), **sakkai** können, imstande sein
sakkarā *f.* (śarkarā) Zucker
sakkā *Adv.* (śakyam) machbar, möglich
sakkāra *m.* (satkāra) Bewillkommnung, Bewirtung
sakkha *n.* (sakhya) Freundschaft
sagaḍa *n.* (śakaṭa) Karren, Wagen
sagabbha *Adj.* (sagarbha) schwanger
sagga *m.* (svarga) Himmel
sacitta *Adj.* (sacitta) beseelt, denkend, lebendig
sacca *Adj.* (satya) 1. wahr; 2. wirklich, real
saccavāi *Adj.* (satyavādin) die Wahrheit sprechend
sajīva *Adj.* (sajīva) lebendig
sajja *Adv.* (sadyas) sofort, unverzüglich
sajjaṇa *m.* (sajjana) guter Mensch

sajjhāya *m.* (svādhyāya) Selbststudium
saṭṭhi *f. Num.* (ṣaṣṭi) sechzig
saḍha *m.* (śaṭha) Schurke, Gauner
saddhā *f.* (śraddhā) Glaube, Vertrauen
saṇātana *Adj.* (sanātana) unvergänglich, ewig
saṇṇiviṭṭha *Adj. PPP* (saṁniviṣṭa) fest, unbeweglich
saṇṇiha *Adj.* (saṁnibha) ähnlich, gleich (wie)
saṇṇihiya *Adj. PPP* (saṁnihita) benachbart
saṇha *Adj.* (ślakṣṇa) 1. glatt, weich; 2. zierlich
sataṁta *Adj.* (svatantra) selbstständig, unabhängig
sato *Adv.* (svatas) durch sich selbst
satta *Adj. Num.* (saptan) sieben
sattacattālīsa *n. Num.* (saptacatvāriṁśat) siebenundvierzig
sattaṇaui *f. Num.* (saptanavati) siebenundneunzig
sattari *f. Num.* (saptati) siebzig
sattavīsai *f. Num.* (saptaviṁśati) siebenundzwanzig
sattāsīi *f. Num.* (saptāśīti) siebenundachtzig
satti *f.* (śakti) Kraft, Fähigkeit, Potenz
sattu *m.* (śatru) Feind
sattha[1] *m.* (sārtha) Karawane
sattha[2] *n.* (śāstra) Lehre, Lehrbuch
satthappaoga *m.* (śāstraprayoga) Waffengebrauch
sadā *Adv.* (sadā) stets, immer
sadda *m.* (śabda) Geräusch, Laut, Wort; *Jin. Phil.* Standpunkt
saddaha (I) śrad-dhā), **saddahai,** *PPP* **saddahiya** glauben, vertrauen
saddūla *m.* (śārdūla) Tiger
saddhiṁ *Adv.* (sārdham) vereint, zusammen mit
sannivesa *m.* (saṁniveśa) Wohnsitz, Wohnstatt, Lager
sappa *m.* (sarpa) Schlange
sappaha *m.* (satpatha) rechter Weg
sappi *n.* (sarpis) zerlassene Butter
sappurisa *m.* (satpuruṣa) guter Mensch
saphala *Adj.* (saphala) fruchtbar
sabbha *Adj.* (sabhya) gesellschaftsfähig, höflich, redegewandt
sabhā *f.* (sabhā) Versammlung, Gesellschaft
sama (I) (śam), **samai,** *PPP* **samiya** aufhören, sich beruhigen
samaiya *Adj.* (samayika) zeitlich, zeitweilig
samaṁtao *Adv. Abl.* (samantatas) allseits, ringsum

samagga *Adj.* (samagra) ganz, vollständig, sämtlich
samajjhāsiya *Adj. PPP* (samadhyāsita) übergeordnet, vorgesetzt
samaṇa *m.* (śramaṇa) Bettelmönch
samaṇī *f.* (śramaṇī) Nonne
samaṇujāṇa (I) (sam-anu-jñā), **samaṇujāṇai** 1. billigen, erlauben, genehmigen, zustimmen; 2. bevollmächtigen
samaṇovāsaya *m.* (śramaṇopāsaka) einem Mönch dienender Laienanhänger
samattha *Adj.* (samartha) fähig, tauglich
samaya *m.* (samaya) 1. Zeit, Termin; 2. Lehre, Doktrin; 3. Verabredung, Vertrag
samara *m.* (samara) Kampf, Schlacht
samavāya *m.* (samavāya) Zusammenkunft, Versammlung
samāgama (I) (sam-ā-gam), **samāgacchai**, *PPP* **samāgaya** zusammenkommen, sich treffen
samāṇa *Adj.* (samāna) gleich, identisch
samādhi *m.* (samādhi) Andacht, *Psych.* Versenkung
samāya *m.* (samāja) Gesellschaft, Verein
samāyara (I) (sam-ā-car), **samāyarai** durchführen, vollbringen
samāyāra *m.* (samācāra) 1. Verfahren, Methode; 2. (gutes) Benehmen
samāraṁbha (I) (sam-ā-rabh) 1. anfangen *tr.*; 2. schädigen, verletzen
saya[1] *m.*, *n. Num.* (śata) 100; Hundert
saya[2] (I) (svap), **sayai** schlafen
sayaṇa *n.* (śayana) Bett, Liege, Lager
sarīra *m.*, *n.* (śarīra) Körper, Leib
savva *Adj.* (sarva) alles, ganz
savvaṇṇu, **savvajja** *Adj.* (sarvajña) allwissend
sassura *m.* (śvasura) Schwiegervater
saha *Präp.* mit *Instr.* (saha) mit, mitsamt
sā *f. Pron. dem. Nom. Sing.* (sā) sie, diese
sāima *Adj.* (svādiman) als Süßigkeit geeignet
sāmi *m.* (svāmin) Herr, Gebieter
sālā *f.* (śālā) 1. Raum, Stube; 2. Werkstatt
sāhā *f.* (śākhā) Ast, Zweig
sāhāraṇa *Adj.* (sādhāraṇa) allgemein
sāhu[1] *m.* (sādhu) Heiliger
sāhu[2] Adj. (sādhu) gut, edel, fromm
siṁca (I) (sic), **siṁcai** träufeln, begießen
siṁha *m.* (siṁha) Löwe
sikkha (I) (śikṣ), **sikkhai**, *PPP* **sikkhia** lernen

sikkhāva (II) (śikṣ *Kaus.*), **sikkhāvei** belehren, unterrichten
siggha *Adj.* (śīghra) schnell, rasch
sijjā *f.* (śayyā) Lager, Liege, Bett
siddha *m.* (siddha) *Jin.* befreite Seele, Vollendeter, Seliger
siddhi *f.* (siddhi) 1. Erfolg, Gelingen; 2. *Jin.* Befreiung, Erlösung
siyā (syāt) *3. Pers. Präs. Opt.* „es mag sein"; vielleicht, eventuell
siyāla *m.* (śṛgāla) Schakal
siyāvāya *m.* (syādvāda) *Jin.* Phil. Lehre von den Betrachtungsmöglichkeiten
sira *n.* (śiras) Kopf
siloga *m.* (śloka) Vers
sisu *m.* (śiśu) Kind
sihara *n.* (śikhara) Gipfel
sīyala *Adj.* (śītala) kalt, kühl
sīla *n.* (śīla) (guter) Charakter, Anstand, Sittsamkeit
sīha *m.* (siṁha) Löwe
suṁdara *Adj.* (sundara) schön, lieblich
sukka[1] *Adj.* (śuṣka) trocken, dürr
sukka[2] *Adj.* (śukla) weiß, hell, klar
sukka[3] *n.* (śulka) Preis, Steuer, Zoll
suṇa (I, II) (śru), **suṇai, suṇei** hören
suṇhā *f.* (snuṣā) Schwiegertochter
sutta *n.* (sūtra) 1. Faden, Schnur; 2. Lehrsatz, Lehrbuch
suddha *Adj. PPP* (śuddha) rein, sauber, makellos
supurisa *m.* (supuruṣa) guter Mensch
subahu *Adj.* (subahu) sehr viel, reichlich
sumiṇa *m.* (svapna) 1. Traum; 2. Schlaf
suya[1] *m.* (suta) Sohn
suya[2] *Adj. PPP* (śruta) 1. gehört; 2. bekannt, berühmt
suvaṇṇa *n.* (suvarṇa) Gold
suha *n.* (sukha) Glück, Wonne
suhiya *Adj.* (sukhita) glücklich
suhuma *Adj.* (sūkṣma) fein, zart
se (saḥ) *m. Pron. dem. Nom. Sing.* er, der, dieser
seu *m.* (setu) Brücke, Damm
settha *Adj.* (śreṣṭha) höchster, bester
seṇa *m.* (śyena) Falke
seṇā *f.* (senā) Heer, Armee
seva (I) (sev), **sevai,** *PPP* **seviya** 1. dienen, bedienen; 2. üben, gebrauchen

sevā *f.* (sevā) 1. Dienst; 2. Verehrung
sesa *Adj.* (śeṣa) restlich
so s. **se**
soga *m.* (śoka) Kummer, Sorge, Trauer
solasa *Adj. Num.* (ṣoḍaśan) sechzehn

h

haṁsa *m.* (haṁsa) Gans, Flamingo, Schwan
haṇa (han), **haṇai**, *PPP* **hata**, **haya** 1. töten; 2. schlagen, verletzen
hattha *m.* (hasta) 1. Hand; 2. Rüssel
hara (I) (hr̥), **harai** 1. wegnehmen; 2. entzücken
hariya *Adj.* (harita) grün
hāsa[1] *m.* (hāsa) Gelächter, Humor
hāsa[2] *m.* (hrāsa) Abnahme, Schwund
hiṁsaga *Adj.* (hiṁsaka) schädlich, schädigend
hiyaya *n.* (hr̥daya) Herz
hiraṇṇa *n.* (hiraṇya) Gold
ho (III) (bhū), **hoi** sein, werden
hoi (bhavati) *3. Pers. Sing. Präs.* von **ho** er, sie, es wird
hotthā *Prät.* von **ho** er, sie, es war

2. Glossar Deutsch – Ardhamāgadhī

Das deutsche Stichwort erscheint in halbfetter Schrift. Die Einordnung ist streng alphabetisch. Die Umlaute werden wie der ihnen zugrunde liegende Vokal behandelt. Homonyme werden als verschiedene Stichwörter behandelt und durch hochgestellte arabische Ziffern nach dem Stichwort gekennzeichnet. Bei einem jeden Lemma ist die Wortart angegeben.

Das AMg.-Äquivalent hat beim Nomen Angaben zum Genus. Bestimmte Formen werden zur besonderen Verdeutlichung als Instr., Part. Prät. Pass. (PPP) usw. erklärt. Bei den Verben wird in römischen Ziffern die jeweilige Konjugationsklasse in Klammern angegeben. Verbalpräfixe werden – anders als im Skt. – vom eigentlichen Verb nicht getrennt. Bedeutungsspezifika werden durch Stützwörter oder Sachgebietsangaben in kursiver Schrift verdeutlicht.

A

Aas kuṇima *m.*
Abbild *n.* chāyā *f.*
aber *Konj.* tu
ablecken *tr.* viliha (I)
Abnahme *f.* hāsa *m.*
Abort *m.* viyārabhūmi *f.*
abschneiden *tr.* chiṁda (I)
acht *Adj. Num.* aṭṭha
ähnlich *Adj.* saṇṇiha
Affe *m.* kai *m.*, vāṇara *m.*
all *Adj.* savva, vissa
allerdings *Adv.* khalu
allgemein Adj. sāhāraṇa
allseits *Adv.* samaṁtao
allwissend *Adj.* savvaṇṇu, savvajja
Almosenspeise *f.* piṁḍa *m.*
Alter *n.* jarā *f.*
Amme *f.* dhāi *f.*
anbeten *tr.* pūa (II)
Anbetung *f.* pūyā *f.*
anblicken *tr.* peccha (I, II)
Andacht *f.* samādhi *m.*
andauernd *Adv.* abhikkhaṇaṁ
anderenfalls *Adv.* ahavā
anderer *Adj.* para, aṇṇa
Aneignung *f.* pariggaha *m.*
anfangen *tr.* samāraṁbha (I)
anfassen *tr.* phusa (I)
angemessen *Adj.* bhavva
Angst *f.* bhaya *n.*, āyaṁka *m.*
Anordnung *f.* vihi *m.*
Anspannung *f.* parisakkāra *m.*
Anstand *m.* sīla *n.*
anstrengen, sich ujjama (I, II), parākkama (II)
Anstrengung *f.* parakkama *m.*
Anteil *m.* dāya *n.*, vihaṁga *m.*
Antilope *f.* miga *m.*
anwenden *tr.* āyara (I)
Anwendung *f.* pautta *n.*
Arbeitslohn veyaṇa *n.*
arm *Adj.* a-vittamat, ṇiddhaṇa

Arm *m.* bāhā *f.*
Armee *f.* seṇā *f.*
Armut *f.* dāridda *n.*
Art *f.* *Bot.*, *Zool.* visesa *m.*
Arznei *f.* osaha *n.*
Arzt *m.* tigicchaga *m.*, vejja *m.*
Askese *f.* tava *n.*
Asket *m.* tāvasa *m.*
asketisch *Adj.* tavassī
Atem *m.* pāṇa *m.*
Atmosphäre *f.* āgāsa *m.*
auch *Konj.* vi
auf *Präp.* adhi, uvari, Konstruktion mit Lok.
Aufgabe *f.* kajja *n.*
aufgeben *tr.* vippajahā (III)
aufhalten, sich vihara (I)
aufhören *intr.* sama (I)
aufstehen *intr.* uṭṭha (II)
aufwärts *Adv.* uḍḍhaṁ
Auge *n.* accha *m.*, acchi *n.*, cakkhu *n.*
Ausbreitung *f.* viyāṇa *n.*
Auseinandersetzung *f.* vivāya *m.*
ausgedehnt *Adj.* visāla
ausgezeichnet *Adj.* ukkaṭṭha, visiṭṭha
außerdem *Adv.* puṇa, ahāvaraṁ
außerordentlich *Adv.* accaṁtaṁ
äußerst *Adj.* parama

B

baden *intr.* ṇhā (III)
Bambus *m.* veṇu *m.*
Band *n.* baṁdhaṇa *n.*
Bank *f.* pīḍha *m.*, *n.*
Bär *m.* accha *m.*
Bauch *m.* uyara *n.*
Baum *m.* vaccha *m.*, rukkha *m.*, *bildh.* pāyava *m.* („Fußtrinker"), duma *m.*
Bedeutung *f.* (Sinn) aṭṭha *m.*, *n.*
bedienen *tr.* pajjuvāsa (I), seva (I)
Befehl *m.* āṇā *f.*
befreien *tr.* mua (I), muṁca (I)
Befreiung *f.* vimutti *f.*, *Jin.* siddhi *f.*
Begehren *n.* kāma *m.*
begehren *tr.* lubha (I)
begießen *tr.* siṁca (I)
beginnen *tr.* u. *intr.* āraṁbha (I)
begleiten *tr.* āyara (I)
begrüßen *tr.* vaṁda (I), ṇama (I)
behandeln *tr.* *Med.* tigiccha (I)
Bein *n.* calaṇa *m.*
bekannt *Adj.*, *PPP* suya
bekommen *tr.* pāuṇa (I), labha (I)
beliebt *Adj.* vallaha
benachbart *Adj.*, *PPP* saṇṇihiya
berechnen *tr.* gaṇa (I, II)
bereit *Adj.*, *PPP* kaḍa
bereuen *tr.* aṇutappa (I), *Jin.* paḍikkama (I, II)
berücksichtigen *tr.* gaṇa (I, II)
berühmt *Adj.*, *PPP* vissuya
berühren *tr.* phusa (I)
beruhigen, sich sama (I)
beschreiben *tr.* vaṇṇa (I)
beschützen *tr.* pāla (II)
Beschwichtigung *f.* uvasama *m.*
beseelt *Adj.* sacitta
besiegen *tr.* jaya (I)
Besitz m dhaṇa *n.*, vitta *n.*
Besonderheit *f.* visesa *m.*
best *Adj.* pavara, para, parama, seṭṭha
Bestandteil *m.* guṇa *m.*
bestrafen *tr.* ṇiggaha (I)
bestürzt *Adj.*, *PPP* visaṇṇa

Bestürzung *f.* visāya m
besuchen *tr.* āyara (I)
betören tr vimoha (II)
Bett *n.* sijjā *f.*, sayaṇa *n.*
Bettelmönch *m.* bhikkhu *m.*, samaṇa *m.*
Bettler *m.* vaṇīmaga *m.*
betrachten *tr.* peccha (I, II)
Betrachtung *f.* (Überlegung *f.*) vīmāṁsā *f.*
betreten *tr.* pavisa (I)
Betrug *m.* māyā *f.*
Bewirtung *f.* sakkāra *m.*
bewohnen *tr.* parivasa (I)
Bewusstsein *n.* citta *n.*
Biene *f.* bhamara *m.*, *bildh.* mahuyara *m.* („Honigmacher“)
billigen *tr.* samaṇujāṇa (I)
binden *tr.* baṁdha (I)
Bitte *f.* patthaṇā *f.*
bitter *Adj.* kaḍua
blasen *tr.* vā (III)
Blatt *n.* paṇṇa *n.*, patta *n.*
Blick *m.* cakkhu *n.*
blind *Adj. Anat.* a-cakkhua, *Anat.* u. *Psych.* aṁdha
Blume *f.* puppha *n.*, kusuma *n.*
Boot *n.* nāvā *f.*
bösartig *Adj.* duṭṭha
böse *Adj.* a-sāhu
Bösewicht *m.* pāva *m.*
boshaft *Adj.* visīla, kusīla
Bote *m.* dūya *m.*
brennen *intr.* ḍaha (I, II)
brennend *Adj., PPP* palitta
Brett *n.* phalaga *n.*
Brief *m.* leha *m.*
bringen *tr.* ṇe (III) , āṇe (III)
Brücke *f.* seu *m.*
Bruder *m.* bhāuya *m.*
Brunnen *m.* vāvi *f.*
Buch *n.* potthaga *n.*, potthaya *m.*
Büßer *m.* tāvasa *m.*

D

Damm *m.* seu *m.*
Dämon *m.* veyāla *m.*
darlegen *tr.* udāhara (I)
denken *intr.* ciṁta (I, II)
der *Pron. dem. Sing. Nom. m.* se
derartig *Adj.* erisa
Dichter *m.* kai *m.*
dick *Adj., PPP* pīṇa; thūla
Dickicht *n.* gahaṇa *n.*
Dieb *m.* cora *m.*, teṇa *m.*
Diebstahl *m.* a-dinnādāṇa *n.*
Diener *m.* kiṁkara *m.*
Dienst *m.* sevā *f.*
dies *Pron. dem. Sing. Nom. Akk. n.* taṁ
diese[1] *Pron. dem. Nom. Pl.* te
diese[2] *Pron. dem. Nom. Sing. f.* sā
dieser *Pron. dem. Sing. Nom. m.* se
Dirne *f.* vesā *f.*, vesiyā *f.*
Disput *m.* vivāya *m.*
Disziplin *f.* viṇaya *m.*
doch *Konj.* tu
Dorf *n.* gāma *m.*
Dorn *m.* kaṁṭaga *m.*
dort *Adv.* tattha
draußen *Adv.* bahiyā
drei *Adj. Num.* ti
dreißig *Adj. Num.* tīsa *n.*
dreiunddreißig *Adj. Num.* tettīsa *n.*
dritter *Adj.* tacca

du *Pron. pers. 2. Pers. Sing. Nom.* tumaṁ
Duft *m.* gaṁdha *m.*, parimala *m.*
durchführen *tr.* samāyara (I)
dürr *Adj.* sukka
durstig *Adj.* pivāsiya

E

ebenso *Adv.* tahā
Egoismus *m.* pariggaha *m.*
ehemalig *Adj.* puvva
ehrlich *Adj.* ujju
ehrwürdig *Adj.* thera
Eid *m.* vaya *m.*, *n.*
eigen *Pron.* (= mein, dein, sein, ihr) sa
Einfluss *m.* vasa *m.*
ein *Adj. Num.* ekka, ega
einladen *tr.* ṇimaṁta (II)
einmal *Adv.* saiṁ
einsam *Adj.* egāgi, *PPP* vivitta
Einsamkeit *f.* viraha *m.*
einstmals *Adv.* puvvaṁ
eintreten *intr.* pavisa (I)
einzeln *Adj.* egāgi
einzig *Adj.* ekka
Elefant *m.* gaya *m.*, hatthi *m.*
elend *Adj.* dīṇa
elf *Adj. Num.* ekkārasa
Eltern *Pl.* māyāpiu *m.*
Empfindung *f.* veyaṇa *n.*
Ende *n.* aṁta *m.*
Energie *f.* parakkama *m.*, vīriya *n.*
entfernen, sich avakkama (I)
entgegengesetzt *Adj., PPP* viruddha
Enthaltsamkeit *f.* virai *f.*
entsagen *intr.* virajja (I)
Entsagung *f.* veramaṇa *n.*
Entscheidung *f.* gaṇi *m.*
er *Pron. pers. 3. Pers. Sing. Nom. m.* se
Erbe *n.* dāya *n.*
erblicken *tr.* pāsa (I, II)
Erdboden *m.* dharaṇiyala *n.*
Erde *f.* bhuvaṇa *n.*
Erfahrung *f.* aṇubhava *m.*
Erfolg *m.* siddhi *f.*
Ergebnis *n.* phala *n.*
ergreifen *tr.* geṇha (II)
erhalten *tr.* pāuṇa (I), labha (I)
Erkenntnis *f.* jāṇa *n.*, ṇāṇa *n.*
erklären *tr.* vivara (I)
erlangen *tr.* uvasaṁpajja (I), labha (I)
erlauben *tr.* samaṇujāṇa (I)
erlösen *tr.* mua (I), muṁca (I)
Erlösung *f.* mokkha *m.*, mukkha *m.*, *Jin.* siddhi *f.*, vimutti *f.*
ermüden *tr.* kilāma (II)
Ermüdung *f.* khea *m.*
ernähren *tr.* posa (II)
erneut *Adv.* puṇa
erobern *tr.* jaya (I)
erst *Adj.* paḍhama
erzählen *tr.* kaha (II)
Erzählung *f.*, *Geschichte f.* kahā *f.*
erzeugen *tr.* pasava (I)
es *Pron. pers. Nom. u. Akk. Sing. n.* taṁ
essen *tr.* bhakkha (I)
eventuell *Adv., 3. Pers. Präs. Opt.* siyā
ewig *Adj.* saṇātana, accaṁta
existieren *intr.* attha (I), as (I), vijja (I)
existierend *Adj.* sa

F

Faden *m.* sutta *n.*
fähig *Adj.* samattha, uciya
Fähigkeit *f.* satti *f.*
fahren *intr.* jā (III) , vaha (I)
Fahrlässigkeit *f.* pamāya *m.*
Falke *m.* seṇa *m.*
Falle *f.* vaggurā *f.*
fallen *intr.* paḍa (I), ṇivaḍa (I)
falls *Konj.* jai
Familie *f.* kula *n.*, kuḍuṁva *n.*
fangen *tr.* geṇha (I)
Farbe *f.* vaṇṇa *m.*
färben *tr.* vaṇṇa (I)
Fehler *m.* dosa *m.*
feige *Adj.* bhīru
fein *Adj.* ḍahara, suhuma
Feind *m.* sattu *m.*, ari *m.*
feindlich *Adj.* vairi
feindselig *Adj., PPP* viruddha
Felge *f.* ṇemi *m.*
fern *Adv.* dūraṁ
fertig *Adj., PPP* kaḍa
Fessel *f.* pāsa *m.*
fesseln *tr.* baṁdha (I)
fest *Adj.* thāvara
fett *Adj. Anat.* bāyara, *PPP* pīṇa
Feuer *n.* aggi *m.*
Fisch *m.* maccha *m.*
Flamingo *m.* haṁsa *m.*
Fleisch *n.* maṁsa *n.*
fliegen intr udde (III)
fliehen *intr.* palāya (I)
Flirt *m.* vilasiya *n.*
Fluss *m.* ṇaī *f.*
folgen *intr.* aṇusara (I), aṇṇe (III)
Form *f.* rūva *n.*
Frage *f.* paṇha *m.*, pasiṇa *n.*
fragen *tr.* puccha (I)
Frau *f.* iṭṭhī *f.*, itthī *f.*
freilich *Adv.* khalu
Freund *m.* mitta *m.*, sahāya *m.*
freundlich *Adj.* piya
Freundlichkeit *f.* aṇuggaha *m.*
Freundschaft *f.* sakkha *n.*
Frieden *m.* saṁti *f.*
frisch *Adj.* taruṇa
fromm *Adj.* dhammiya
Frucht *f.* phala *n.*
fruchtbar *Adj.* saphala
führen *tr.* ṇe (III)
fünf *Adj. Num.* paṁca
fünfter *Adj.* paṁcama
fünfundvierzig *Adj. Num.* paṇayālīsa
Furcht *f.* bhaya *n.*
fürchten, sich bīha (I)
furchtlos *Adj.* ṇibbhaya
Furt *f.* tittha *n.*
Fuß *m.* pāya *m.*

G

Gabe *f.* dāṇa *n.*
Gans *f.* haṁsa *m.*
ganz *Adj.* savva, samagga
Garten *m.* ujjāṇa *n.*
Gast *m.* āesa *m.*
Gatte *m.* pai *m.*
Gattin *f.* bhāriyā *f.*, piyā *f.*
Gauner *m.* saṭha *m.*
gebären *tr.* pasava (I)
geben *tr.* de (III)
Gebiet *n.* visaya *m.*
Gebieter *m.* sāmi *m.*, īsara *m.*

Gebrauch *m.* pautta *n.*, bhoga *m.*, uvaoga *m.*
gebrauchen *tr.* seva (I)
Geburt *f.* jamma *n.*
Geburtenkreislauf *m.* saṁsāra *m.*
Gedanke *m.* citta *n.*, maṇa *n.*
gedankenlos *Adj.* vimaṇa
Gedicht *n.* kavva *n.*
geeignet *Adj.*, *PPP* uciya
Gefolge *n.* parisā *f.*
Gefühl *n.* veyaṇa *n.*
Geheimnis *n.* raha *n.*
gehen *intr.* gaccha (I), jā (III)
gehorchen *intr.* āṇaṁ pāla (I)
Geist *m.* *Psych.* maṇa *n.*, citta *n.*
Gelächter *n.* hāsa *m.*
Geld *n.* aṭṭha *m.*, *n.*
Gelegenheit *f.* pasaṁga *m.*
Gelübde *n.* vaya *m.*, *n.*
Gemüt *n.* citta *n.*
genehmigen *tr.* samaṇujāṇa (I)
Genuss *m.* bhoga *m.*
geräumig *Adj.* visāla
Geräusch *n.* sadda *m.*
gering *Adj.* aṇu, appa, thova
Geruch *m.* gaṁdha *n.*
Gesandter *m.* dūya *m.*
Gesang *m.* gīya *n.*
Geschenk *n.* dāṇa *n.*
Geschichte *f.*, **Erzählung** *f.* kahā *f.*
geschickt *Adj.* kusala, paḍu
Geschlechtsverkehr *m.* mehuṇa *n.*
Geschmack *m.* rasa *m.*
Gesellschaft *f.* sabhā *f.*, samāya *m.*
Gesetz *n.* vihi *m.*
Gesicht *n.* muha *n.*, vayaṇa *n.*
gesittet *Adj.* veṇaiya
Gespenst *n.* veyāla *m.*
Gestalt *f.* rūva *n.*
gesund *Adj.* kalla
Getränk *n.* pāṇa *n.*
Gewand *n.* vattha *n.*, vesa *m.*
Gewalt *f.* vasa *m.*, parakkama *m.*, daṁḍa *m.*
Gier *f.* loha *m.*
Gift *n.* visa *n.*
Gipfel *m.* sihara *n.*
Girlande *f.* mālā *f.*
glatt *Adj.* saṇha
Glaube *m.* saddhā *f.*
glauben *tr.* saddaha (I)
gleich *Adj.*: **ähnlich** sarisa; **identisch** samāṇa
gleichsam *Konj.* vā
Glied *n.* *Anat.* aṁga *n.*
Glück *n.* maṁgala *n.*, bhadda *n.*, suha *n.*
glücklich *Adj.* suhiya
Gott *m.* deva *m.*
Gottesdienst *m.* pūyā *f.*
Gottheit *f.* devayā *f.*
Göttin *f.* devī *f.*
göttlich *Adj.* divva
Gold *n.* suvaṇṇa *n.*, hiraṇṇa *n.*
Grabmal *n.* ceiya *m.*, *n.*
Gras *n.* taṇa *n.*
grausig *Adj.* bherava, viyaḍa
Grenze *f.* velā *f.*, sīmā f, majjāyā *f.*
grob *Adj.* *Psych.* pharusa
groß *Adj.* mahā
grün *Adj.* hariya
Gruppe *f.* ṇikāya *m.*
günstig *Adj.* uciya
gut *Adj.* *Psych.* piya

H

Haar *n.* kesa *m.*
Habgier *f.* pariggaha *m.*
Hand *f.* hattha *m.*, pāṇi *m.*
Happen *m.* kavala *m.*
Hass *m.* dosa *m.*
hässlich *Adj.* virūva
Haus *n.* giha *n.*
Hausherr *m.* gāhāvai *m.*
Heer *n.* seṇā *f.*
Heiliger *m.* sāhu *m.*
heilsam *Adj.* dhaṇṇa
Held *m.* vīra *m.*
hell *Adj.* joṇha, sukka
Herr *m.* pai *m.*, sāmi *m.*
herankommen *intr.* uvagasa (I)
herbeikommen *intr.* uvāgaccha (I)
Herrschaft *f.* vasa *m.*
hervorragend *Adj.* pavara, visiṭṭha, ukkaṭṭha
Herz *n.* hiyaya *n.*
Hetäre *f.* vesā *f.*, vesiyā *f.*
heute *Adv.* ajja
hier *Adv.* ettha
Hilfe *f.* sāhijja *n.*
Himmel *m.* voma *n.*, sagga *m.*, ṇaha *n.*
Himmelsrichtung *f.* disā *f.*
himmlisch *Adj.* divva
hinab *Adv.* ahe
Hindernis *n.* aṁtara *n.*
hinsehen *intr.* peccha (I, II)
hinter *Präp.* pacchā
Hinterlist *f.* aliya *n.*
Hirt *m.* gova *m.*
Hitze *f.* umha *m.*
Hochmut *m.* māṇa *n.*, gavva *m.*
Hochzeit *f.* vivāha *m.*
Hoffnung *f.* āsā *f.*
höflich *Adj.* sabbha
Höhle *f.* vivara *n.*
Hölle *f.* ṇiraya *m.*
Holz *n.* dāru *n.*
hören *tr.* suṇa (I, II)
Horn *n.* visāṇa *n.*
huldigen *intr.* pajjuvāsa (I)
Humor *m.* hāsa *m.*
Hund *m.* sāṇa *m.*
hundert *Adj. Num.* saya *m.*, *n.*
hungrig *Adj.* chuhiya

I

ich *Pron. pers. 1. Pers. Sing. Nom.* ahaṁ
identisch *Adj.* samāṇa
ihr *Pron. pers. 2. Pers. Nom. Pl.* tumhe
immer *Adv.* sayā, sadā
informieren *tr.* vea (I, II)
Intelligenz *f.* buddhi *f.*
Irrglaube *m.* a-hamma *m.*
isoliert *Adj.*, *PPP* vivitta

J

Jahr *n.* saṁvacchara *m.*, vāsa *m.*, *n.*, varisa, *m.*, *n.*
jammern *intr.* vilava (I)
jeder *Adj.* vissa
jedoch *Konj.* tu
jung *Adj.* taruṇa
Junge *m.* kumāra *m.*
Juwel *n.* rayaṇa *n.*, maṇi *m.*

K

kalt *Adj.* sīyala
Kampf *m.* samara *m.*
kämpfen *intr.* jujjha (I)
Kapitel *n.* ajjhayaṇa *n.*
Karawane *f.* sattha *m.*
karg *Adj.* dīṇa
Karren *m.* sagaḍa *n.*
Katze *f.* virāla *m.*
Kenntnis *f.* vijjā *f.*
Kern *m.* *Frucht* aṭṭhi *m.*
Kind *n.* bālaya *m.*, bāla *m.*, sisu *m.*, vaccha *m.*
Kindheit *f.* bālatta *n.*
Kleid *n.* vesa *m.*, vattha *n.*
klagen *intr.* vilava (I)
kläglich *Adj.* dīṇa
klar *Adj.* accha
klettern *intr.* āruha (I)
klopfen *intr.* phura (I)
Kloster *n.* *Buddh.* vihāra *m.*
Klumpen *m.* piṁḍa *m.*
Knecht *m.* dāsa *m.*
Knochen *m.* aṭṭhi *m.*
kochen *tr.* paya (I)
kommen *intr.* āgama (I, II) , āgaccha (I)
Kommentar *m.* vitti *f.*
können *tr.* sakka (I)
König *m.* rāya *m.*, ṇivai *m.*, bhūva *m.*
Kopf *m.* sira *n.*
Körper *m.* sarira *n.*, taṇū *f.*
Kot m purīsa *n.*
Kraft *f.* bala *n.*, satti *f.*, vīriya *n.*
Krähe *f.* kāya *m.*, vāyasa *m.*
Kranich *m.* baya *m.*
Krankheit *f.* roga *m.*, roya *m.*, vāhi *f.*
Kritik *f.* vivega *m.*
Kranz *m.* mālā *f.*
Krieger *m.* khattiya *m.*
Krone *f.* mauḍa *m.*
Kummer *m.* soga *m.*
Kunst *f.* kalā *f.*
Küste *f.* velā *f.*

L

Laden *m.* vivaṇi *f.*
Lager *n.* sannivesa *n.*
Lampe *f.* dīva *m.*
Land *n.* desa *m.*, jaṇavaya *n.*
lang *Adj.* dīha
langlebig *Adj.* āusa
langsam *Adj.* maṁda
Last *f.* bhāra *m.*
laufen *intr.* dhāva (I)
Laut *m.* sadda *m.*
Leben *n.* jīvia *n.*, āuya *n.*
lebendig *Adj.* sajīva, sacitta
Lebenskraft *f.* āuya *n.*
Lebenslauf *m.* cariya *n.*
Lebensmittel *n.* *Pl.* bhakkha *n.*, bhatta *n.*
Lebensunterhalt *m.* vitti *f.*
Lebewesen *n.* pāṇa *m.*, tasa *m.*
lecken *tr.* viliha (I)
Lehm *m.* maṭṭiyā *f.*
Lehrbuch *n.* sattha *n.*
lehren *tr.* sikkhāva (II, *Kaus.*)
Lehrer *m.* āyariya *m.*, guru *m.*
Lehrsatz *m.* sutta *n.*
Leib *m.* kāya *m.*, sarīra *m.*, *n.*
leiden *tr.* saha (I)
lernen *tr.* sikkha (I)

Leute *Pl.* payā *f Pl.*
Liane *f.* layā *f.*, villī *f.*
lieb *Adj.* piya
Liebe *f.* kāma *m.*, rai *f.*
lieblich *Adj.* suṁdara, mahura
Liege *f.* sijjā *f.*, sayaṇa *n.*
Linie *f.* lehā *f.*
lobenswert *Adj., Ger.* pasaṁsaṇijja
Lobpreisung *f.* saṁthava *m.*
Loch *n.* veha *m.*, vivara *n.*
Lohn *m.* bhai *f.*, phala *n.*
loslassen *tr.* visajja (II)
Lotus *m.* paṁkaya *m.*, kamala *m.*, *n.*, pauma *n.*
Löwe *m.* siṁha *m.*, sīha *m.*
Luftraum *m.* aṁtarikkha *n.*, voma *n.*
lügnerisch *Adv.* musā
Lust *f.* kāma *m.*, rai *f.*

M

machbar Adv. sakkā
machen *tr.* kara (I, II), kuṇa (I)
Macht *f.* parakkama *m.*, bala *n.*
Mädchen *n.* kaṇṇā *f.*, bāliyā *f.*
Mahlzeit *f.*bhatta *n.*
Mähne *f.* kesa *m.*
makellos *Adj.* vimala, *PPP* suddha, *PPP* visuddha
Mann *m.* nara *m.*, manussa *m.*
mannigfaltig *Adj.* virūva, *PPP* vivitta
Mark *n. Anat.* miṁjā *f.*
Markt *m.* vivaṇi *f.*
massig *Adj.* thūla, bāyara
Materie *f.* poggala *m.*
matt *Adj., PPP* gilāṇa
meditieren *intr.* dhiyā (III)
mein *Pron. pers. 1. Pers. Sing. Gen.* mama
Menge *f.* kula *n.*
Methode *f.* uvāya *m.*, samāyāra *m.*
Mensch *m.* purisa *m.*, maṇussa *m.*
menschlich *Adj.* māṇusa
Milch *f.* duddha *n.*
Milchkuh *f.* dheṇu *f.*
Milchspeise *f.* pāyasa *n.*
Minister *m.* amacca *m.*, manti *m.*
mit *Präp.* mit *Instr.* saha; vor *Adj.* u. *Adv.* sa
Mitleid *n.* aṇukaṁpā *f.*, kivā *f.*, kaluṇa *m.*
Missachtung *f.* vimāṇaṇa *n.*
Mist *m.* purīsa *n.*
mitteilen *tr.* vea (I, II)
mittler *Adj.* majjha
Modus *m.* vihi *m.*
möglich *Adj.* kajja, sakkā
Monat *m.* māsa *m.*
Mönch *m.* samaṇa *m.*, sāhu *m.*, aṇagāra m, *Jin.* ṇiggaṁtha *m.*
Mond *m.* caṁda *m.*
Moral *f.* dhamma *m.*
morgen *Adv.* suve
Morgen *m.* paccūsa *n.*
Mühe *f.* parakkama *m.*
Mund *m.* vayaṇa *n.*, muha *n.*
Mutter *f.* māyā *f.*

N

nachdenken *intr.* jhiyā (III), saṁpeha (I, II), ciṁta (I, II)
Nachkomme *m.* ṇaṁdaṇa *m.*
Nachkommenschaft *f.* payā *f. Pl.*

nachlässig *Adv.* a-jayaṁ
Nacht *f.* rāi *f.*
nahe *Adv.* aṁtiyaṁ
Nahrung *f.* aṇṇa *n.*, bhakkha *n.*, bhatta *n.*, asaṇa *n.*
Narr *m.* bāla *m.*, mukkha *m.*
Nashorn *n.* khagga *m.*
nehmen *tr.* geṇha (II)
Nektar *m.* amaya *n*
neun *Adj. Num.* ṇava
nicht *prohibitive Partikel* mā
Nichtschädigung *f.* ahiṁsā *f.*
niedergeschlagen *Adj.*, *PPP Psych.* visaṇṇa
niedrig *Adj. Psych.* ṇīya
niemals *Adv.* na kayā vi
Nonne *f.* samaṇī *f.*
nördlich *Adj.* uttarilla
nutzlos *Adj.* a-phala

O

oder *Konj.* vā
offenbar *Adj.*, *PPP* viyaḍa
öffnen *tr.* bhiṁd (I)
Öffnung *f.* vivara *n.*
ohne *Präp.* mit *Instr.* viṇā
Ohr *n.* kaṇṇa *m.*
Ordnung *f.* viṇaya *m.*
Ozean *m.* sāyara *m.*

P

Palast *m.* pāsāya *m.*
Park *m.* ujjāṇa *n.*
passend *Adj.* bhavva
Pfeil *m.* bāṇa *m.*
Pferd *n.* āsa *m.*
Plan *m.* uvāya *m.*
plündern *tr.* viluṁpa (I)
Predigt *f.* pāvayaṇa *n.*
Preis *m.* sukka *n.*
preisen *tr.* pasaṁsa (I)
preiswürdig *Adj.*, *Ger.* pasaṁsaṇijja
Prinz *m.* kumāra *m.*
prüfen *tr.* parikkha (I)
Prüfung *f.* vivega *m.*
Pulver *n.* cuṇṇa *n.*

Q

quälen *tr.* pīḍa (I, II)

R

Rad *n.* cakka *n.*
rasch *Adj.* siggha
rauben *tr.* viluṁpa (I)
Räuber *m.* takkara *m.*
Rausch *m.* pamāya *m.*
real *Adj.* sacca
Rede *f.* vayaṇa *n.*, bhāsā *f.*
redegewandt *Adj.* sabbha
reden *tr.* bū (III), vaya (I)
redlich Adj. sa, ujju
Regel *f.* vihāṇa *n.*
Regen *m.* varisa *m.*, *n.*, vāsa *m.*, *n.*, vuṭṭhi *f.*
Regenwolke *f.* jalahara *m.*
Regenzeit *f.* pāusa *m.*
Regierung *f.* rajja *n.*
reich *Adj.* dhaṇiya
Reich *n.* rajja *n.*, jaṇavaya *n.*
reichlich *Adj.* subahu, paura, viula
reif *Adj.* vivakka
Reihe *f. Lit.* mālā *f.*

rein *Adj.* accha, *PPP* suddha, *PPP* visuddha
reinigen *tr.* visoha (I, II)
Reis *m.* vīhi *m.*
reisen *intr.* pavesa (I)
Religion *f.* dhamma *m.*
restlich *Adj.* sesa
restlos *Adj.* ṇīsesa
Resultat *n.* phala *n.*
retten *tr.* tāya (I), tara (I)
Revolution *f.* verajja *n.*
riesig *Adj.* viyaḍa
ringsum *Adv.*, *Abl.* samaṁtao
Ruck *m.* vega *m.*
Rückkehr *f.* paḍigamaṇa *n.*
Rücksichtnahme *f.* caraṇa *n.*
ruhig *Adj.* saṁta
Rüssel *m.* hattha *m.*

S

Saft *m.* rasa *m.*
saftlos *Adj.* virasa
sagen *tr.* bū (III), bhaṇa (I, II)
Salz *n.* loṇa *n.*
Sammlung *f.* ṇihāṇa *n.*
sämtlich *Adj.* samagga
sauber *Adj.* accha, *PPP* suddha
Sauermilch *f.* dahi *n.*
schädlich *Adj.* hiṁsaga
Schatten *m.* chāyā *f.*
Schakal *m.* siyāla *m.*
schämen, sich lajja (I)
Scheibe *f.* cakka *n.*
scheußlich *Adj.* viyaḍa
Schiff *n.* ṇāvā *f.*
schildern *tr.* vaṇṇa (I)
Schlacht *f.* raṇa *n.*, samara *m.*
Schlaf *m.* sumiṇa *m.*
schlafen *intr.* saya (I)
schlagen *tr.* haṇa (I)
Schlamm *m.* kaddama *m.*
Schlange *f.* sappa *m.*
schlimm *Adj.* kaḍua
Schluss *m.* aṁta *m.*
Schmerz *m.* vedaṇā *f.*
Schmuck *m.* bhūsaṇa *n.*, alaṁkāra *m.*
schmutzig *Adj.* malina
schneiden *tr.* chiṁda (I)
schnell *Adj.* siggha
Schnur *f.* sutta *n.*
schön *Adj.* suṁdara
schrecklich *Adj.* bherava, bhīsaṇa
schreiten *intr.* riya (I)
Schuld *f.* dosa *m.*
schuldig *Adj.* duṭṭha
Schurke *m.* khala *m.*, saṭha *m.*
Schutz *m.* tāṇa *n.*
schützen *tr.* rakkha (I)
Schwan *m.* haṁsa *m.*
schwanger *Adj.* sagabbha
schwarz *Adj.* kasiṇa
schwatzen *intr.* jaṁpa (I)
Schwert *n.* asi *m.*, khagga *m.*
Schwiegertochter *f.* suṇhā *f.*
Schwiegervater *m.* sassura *m.*
schwierig *Adj.* dukkara
sechs *Adj. Num.* cha
sechster *Adj.* chaṭṭha
sechsunddreißig *Adj. Num.* chattīsa *n.*
sechzehn *Adj. Num.* solasa
sechzig *Adj. Num.* saṭṭhi *f.*
Seele *f.* appa *m.*
Seelenheil *n.* appahiya *n.*
Segen *m.* bhadda *n.*, maṁgala *n.*
sehen *tr.* pāsa (I, II)

Seher *m.* isi *m.*, muṇi *m.*
sehr *Adv.* bhisaṁ
Seil *n.* pāsa *m.*, rajju *f.*
sein *intr.* attha (I), asa (I), ho (III)
Selbstbeherrschung *f.* saṁjama *m.*
selbstständig *Adj.* sataṁta
Selbststudium *n.* sajjhāya *m.*
selig *Adj.* siddha
Serie *f.* mālā *f.*
sie *Pron. pers. 3. Pers. Nom. Sing. f.* sā
sieben *Adj. Num.* satta
siebenundachtzig *Adj. Num.* sattāsīi *f.*
siebenundneunzig *Adj. Num.* sattaṇaui *f.*
siebenundvierzig *Adj. Num.* sattacattālīsa *n.*
siebenundzwanzig *Adj. Num.* sattāvīsai *f.*
siebzig *Adj. Num.* sattari *f.*
singen *tr.* gā (III)
Sinn *m. Bedeutung* aṭṭha *m.*, *n.*
Sinnenfreude *f.* visaya *m.*
Sinnesorgan *n.* iṁdiya *n.*
Sitte *f.* kappa *m.*
sitzen *intr.* accha (I)
Sklave *m.* dāsa *m.*
Sklavin *f.* dāsī *f.*
so *Adv.* tahā
sofort *Adv.* sajja
sogar *Konj.* vi, vā
Sohn *m.* suya *m.*, putta *m.*
solch *Adj.* erisa
Soldat *m.* bhaḍa *m.*
Sonne *f.* āicca *m.*, ravi *m.*
sonst *Adv.* ahavā
Sorge *f.* soga *m.*
Sorgfalt *f.* a-ppamāya *m.*
Sorglosigkeit *f.* pamāya *m.*
Spalt *m.* vivara *n.*
spalten *tr.* bhiṁd (I)
Spaziergang *m.* vihāra *m.*
Speise *f.* aṇṇa *n.*
speziell *Adj.* visiṭṭha
Spezifik *f.* visesa *m.*
spielen *intr.* kīla (I)
Spitze *f. Oberteil* muha *n.*
Sprache *f.* bhāsā *f.*
sprechen *tr.* bhaṇa (I, II), bū (III), bhāsa (I), vaya (I)
Stachel *m.* kaṁṭaga *m.*
Stadt *f.* ṇayara *n.*, pura *n.*
Stätte *f.* āyayaṇa *n.*
stehlen *tr.* cora (I)
Staub *m.* raya *n.*
stehen *intr.* ciṭṭha (III)
Stern *m.* tārā *f.*
stets *Adv.* sadā, sayā
Stil *m.* āesa *m.*
Stimme *f.* girā *f.*
Stock *m.* daṁḍa *m.*
Stoff *m. Tuch* vattha *n.*
Stolz *m.* gavva *m.*, māṇa *n.*
Strafe *f.* daṁḍa *m.*
Strahl *m. Licht* kiraṇa *m.*
Straße *f.* magga *m.*
streng *Adj.* pharusa
Strick *m.* pāsa *m.*
Strom *m.* soya *m.*
Stube *f.* sālā *f.*
Stück *n.* dala *n.*
Student *m.* aṁtevāsi *m.*
Stuhl *m.* pīḍha *m.*, *n.*
stürzen *intr.* ṇivaḍa (I)
Sünde *f.* pāva *n.*

sündhaft *Adj.* duṭṭha
süß *Adj.* mahura
Süßigkeit *f.* khāima *n.*

T

tadellos *Adj.* aṇ-avajja
tadeln *tr.* ṇiṁda (I), gariha (I)
Tag *m.* divasa *m.*, dina *n.*
tanzen *intr.* ṇacca (I)
tapfer *Adj.* sūra
Tat *f.* kamma *n.*
tauglich *Adj.* samattha
Tempel *m.* deula *n.*, āyayaṇa *n.*
Termin *m.* samaya *m.*
Theater(gebäude) *n.* ṇaṭṭasālā *f.*
tief *Adj.* gahira
Tier *n.* tirikkha *m.*, tiriccha *m.*, pasu *m.*, pāṇa *m.*, *n.*
Tiger *m.* saddūla *m.*, vaggha *m.*
Tisch *m.* phalaga *n.*
Tochter *f.* dhūyarā *f.*
Tod *m.* maccu *m.*, kāla *m.*, maraṇa *n.*
Todesgott *m.* māra *m.*
Toilette *f.* viyārabhūmi *f.*
Ton *m. Boden* maṭṭiyā *f.*
Tonleiter *f.* gāma *m.*
töricht *Adj.* vimaṇa
tot *Adj.*, *PPP* maya, *PPP* kālagaya
töten *tr.* haṇa (I), vaha (II)
Töpfer *m.* kuṁbhakāra *m.*
tragen *tr.* vaha (I)
transportieren *tr.* vaha (I)
Trauer *f.* soga *m.*
Traum *m.* sumiṇa *m.*
traurig *Adj.* vimaṇa
treffen, sich mila (I)
trinken *tr.* piba (I)
trocken *Adj.* sukka, virasa
Tuch *n.* vattha *n.*
tüchtig *Adj.* kusala, paḍu, kalla
Tugend *f.* guṇa *m.*
tun *tr.* kuṇa (I), kara (I, II)

U

Übel *n. bildh.* kaṁṭaga *m.*
Übeltat *f.* pāva *n.*
üben *tr.* seva (I)
übergeordnet *Adj.*, *PPP* samajjhāsiya
Überlegung *f.* vīmāṁsā *f.*, viyakka *m.*
übernachten *intr.* parivasa (I)
überqueren *tr.* tīra (I)
Ufer *n.* velā *f.*, tīra *n.*
Umfang *m.* viyāṇa *n.*
umfangreich *Adj.* viula
umhüllen *tr.* veḍha (II)
unabhängig *Adj.* sataṁta
unbeschreiblich *Adj.*, *Ger.* a-vattavva
unbeweglich *Adj* thāvara, *PPP* saṇṇiviṭṭha
uneben *Adj.* visama
unerwünscht *Adj.*, *PPP* aṇ-iṭṭha
Unfall *m.* āvai *f.*, vukkama *m.*
unfruchtbar *Adj.* a-phala
ungeeignet *Adj.*, *PPP* a-jutta
ungeheuer *Adj.* viyaḍa
ungenügend *Adj.*, *PPP* a-pajjatta
Ungewissheit *f.* saṁdeha *m.*
ungezügelt *Adj.* duddaṁta
Unglücksfall *m.* vivatti *f.*
uns *Pron. pers. 1. Pers. Pl. Akk.* amhe
Unsterblichkeit *f.* a-maya *n.*
untauglich *Adj.*, *PPP* a-jutta
unten *Adv.* ahe

Unterbrechung *f.* viraha *m.*
Untergang *m.* vivatti *f.*, *Astron.* atthamaṇa *n.*
unterrichten *tr.* sikkhāva (II)
Unterschied *m.* visesa *m.*
Untersuchung *f.* vivega *m.*
Untertanen *Pl.* payā *f. Pl.*
unrecht *Adj.* vihamma
unvergänglich *Adj.* saṇātana
unverzüglich *Adv.* sajja
unwahr *Adv.* musā
Unwahrheit *f.* a-sacca *n.*
üppig *Adj.*, *PPP* pīṇa
Ursache *f.* mūla *n.*, kāraṇa *n.*
Ursprung *m.* mūla *n.*
Urwald *m.* raṇṇa *n.*

V

Vater *m.* piya *m.*, jaṇaya *m.*, piyara *m.*
Verabredung *f.* samaya *m.*
verbieten *tr.* paccakkhā (III)
verbinden *tr.* *vereinigen* juṁja (I)
Verbindung *f.* saṁjoga *m.*
verbrennen *tr.* u. *intr.* ḍaha (I, II)
verdienen *tr.* ariha (I)
Verdruss *m.* khea *m.*
verehren *tr.* pūa (II), maha (I), pajjuvāsa (I)
Verehrung *f.* sevā *f.*
Verein *m.* samāya *m.*
vereinigen *tr.* juṁja (I)
Verfahren *n.* samāyāra *m.*
verfallen *intr.* paḍa (I)
vergangen *Adj.*, *PPP* aikkaṁta, aīya
Vergangenheit *f.* atīya *n.*
Vergnügen *n.* rai *f.*
Verhalten *n.* cariya *n.*
verhalten, sich āyara (I), cara (I)
verkrüppelt *Adj. Anat.* viyaṁga
Verlangen *n.* loha *m.*
verlangen *tr.* lubha (I)
verlassen *tr.* jahā (III), vippajahā (III), vosira (I)
verletzen *tr.* hiṁsa (I), haṇa (I)
Vermögen *n.* dhaṇa *n.*, aṭṭha *m.*, *n.*, vitta *n.*
Vermutung *f.* viyakka *m.*
verneigen, sich ṇama (I)
Verneigung *f.* ṇamaṇa *n.*
Vernichtung *f.* ṇāsa *m.*
Vers *m.* siloga *m.*
Versammlung *f.* sahā *f.*, parisā *f.*, sabhā *f.*
Verstand *m.* maṇa *n.*
verstecken *tr.* gūha (I)
verstorben *Adj.*, *PPP* maya
Vertauschung *f.* vivaccāsa *m.*
Verteilung *f.* vihaṁga *m.*
Vertrag *m.* samaya *m.*
Vertrauen *n.* vissāsa *m.*, vissaṁbha *m.*, saḍḍhā *f.*
vertrauen *intr.* saddaha (I)
Vertrautheit *f.* saṁthava *m.*
Verwechslung *f.* vivaccāsa *m.*
verweilen *intr.* vasa (I)
Verwendung *f.* bhoga *m.*, uvaoga *m.*
verwirren *tr.* vimoha (II)
Verzicht *m.* veramaṇa *n.*
Verzierung *f.* bhūsaṇa *n.*
Verzögerung *f.* vilaṁba *m.*
verzweifelt *Adj.*, *PPP* visaṇṇa
Verzweiflung *f.* visāya *m.*
Vieh *n.* pasu *m.*
viel *Adj.* bahu

vielleicht Adv. siyā
vier *Adj. Num.* cau
vierter *Adj.* cauttha
vierundzwanzig *Adj. Num.* cauvīsai *f.*
vierzig *Adj. Num.* cattālīsā *f.*
Vogel *m.* pakkhi *m.*, *bildh.* vihaga *m.*
Volk *n.* jaṇa *m.*
vollbringen *tr.* samāyara (I)
Vollmondsnacht *f.* puṇṇimā *f.*
vollständig *Adj.* ṇīsesa , samagga
Vorhaben *n.* kajja *n.*
vorher *Adv.* puvvaṁ
Vorschrift *f.* vihāṇa *n.*, vihi *m.*
Vorwort *n.* ukkheva *m.*

W

wachsen *intr.* vaḍḍha (I)
Wachstum *n.* vaḍḍhi *f.*
Waffengebrauch *m.* satthappaoga *m.*
Wagen *m.* raha *m.*
wahr *Adj.* sacca
Wahrheit *f.* sacca *n.*
Wald *m.* vaṇa *n.*, raṇṇa *n.*
Waldwildnis *f.* kaṁtāra *m.*
Wallfahrtsort *m.* tittha *n.*
Wandermönch *m.* aṇ-agāra *m.*
wandern *intr.* riya (I), cara (I)
warum? *Adv.* kahaṁ
was? *Pron. interr. Nom. Sing. n.* kiṁ
Wasser *n.* jala *n.*, udaga *n.*, vāri *n.*
Weg *m.* magga *m.*
weggehen *intr.* avakkama (I)
weglaufen *intr.* palāya (I)
wegnehmen *tr.* hara (I)
wegwerfen *tr.* pakkhiva (I, II)
wehen *intr.* vā (III)
weich *Adj.* saṇha
Wein *m.* majja *n.*
weinen *intr.* ruya (I)
Weisheit *f.* buddhi *f.*
weiß *Adj.* dhavala, sukka
weit *Adj.* dīha, visāla
weiterhin *Adv.* uḍḍhaṁ
Welle *f.* vīi *f.*
Welt *f.* loga *m.*, loa *m.*
wen? *Pron. interr. Akk. Sing. m.* kaṁ
wenig *Adj.* appa
wenn *Konj.* jai
wer? *Pron. interr. Nom. Sing. m.* ko
werden *intr.* bhava (I), ho (III)
werfen *tr.* khiva (I)
Werk *n.*kamma *n.*
Werkstatt *f.* sālā *f.*
wertlos *Adj.* a-sāra
wertvoll *Adj. Gegenstand* mahaggha
Wesen *n.* appa *m.*
widerlich *Adj.* virasa
wie *Konj.* jahā
wie? *Adv.* kahaṁ
wieder *Adv.* puṇa
wiederholt *Adv.* abhikkhaṇaṁ
wiegen *tr.* tula (II)
Wind *m.* vāu *m.*, aṇila *m.*, marua *m.*
winzig *Adj.* aṇu
wir *Pron. pers. 1. Pers. Pl.* amhe
wirklich *Adj.* sacca
Wissen *n.* vijjā *f.*, ṇāṇa *n.*, jāṇa *n.*
wissen *tr.* veda (II)
Wissenschaft *f.* vijjā *f.*
Witwe *f.* vihavā *f.*
wo? *Pron. interr.* kao
woanders *Adv.* aṇṇattha
Woge *f.* vīi *f.*

woher? *Pron. interr.* katto
wohin? *Pron. interr.* kao
Wohlergehen *n.* bhadda *n.*
wohlerzogen *Adj.* veṇaiya
wohnen *intr.* vasa (I), parivasa (I)
Wohnsitz *m.* āyayaṇa *n.*, sannivesa *m.*
Wolke *f.* meha *m.*, *bildh.* jalahara *m.*
Wonne *f.* suha *n.*
Wort *n.* vaya *n.*, sadda *m.*
Wunder *n.* viṁhaya *m.*
Wunsch *m.* patthaṇā *f.*
wünschen *tr.* iccha (I)
Würfelspiel *n.* jūya *m.*
Wurzel *f.* mūla *n.*
Wut *f.* koha *m.*

Z

zählen *tr.* gaṇa (I, II)
zähmen *tr.* dama (II)
zart *Adj.* ḍahara
zeigen *tr.* daṁsa (I)
Zeit *f.* velā *f.*, kāla *m.*, samaya *m.*
Zeitraum *m.* aṁtara *n.*
zeitweilig *Adj.* samayika
zerbrechen *tr.* bhiṁda (I)
Zerstörung *f.* ṇāsa *m.*
Zins *m.*, **Zinsen** *Pl.* vaḍḍhi *f.*
zitieren *tr.* udāhara (I)
Zoll *m.* sukka *n.*
Zopf *m.* veṇi *f.*
Zorn *m.* kova *m.*, koha *m.*
zucken *intr.* phura (I)
Zucker *m.* sakkarā *f.*
zukünftig *Adj.*, *PPP* aṇ-āgaya
Zuneigung *f.* ṇeha *m.*, pīi *f.*
zürnen *intr.* kuppa (I)
zurückkehren *intr.* paḍikkama (I, II), pacchāgaccha (I)
zurückweisen *tr.* paccakkhā (III)
zusammen *Adv.* saddhiṁ
zusammenkommen *intr.* samāgama (I)
Zusammenfassung *f.* saṁkheva *m.*
Zusammenhang *m.* saṁjoga *m.*
Zusammenkunft *f.* samāvaya *m.*
zusätzlich *Adj.* ahika
zustimmen *intr.* samaṇujāṇa (I)
zwanzig *Adj. Num.* vīsai *f.*
Zweck *m.* aṭṭha *m.*, *n.*
zwei *Adj. Num.* do
Zweifel *m.* saṁdeha *m.*
Zweig *m.* sāhā *f.*
zweiter *Adj.* docca
zweiundachtzig *Adj. Num.* bāsīi *f.*
zweiunddreißig *Adj. Num.* battīsa *n.*
zweiundsechzig *Adj. Num.* bāsaṭṭhi *f.*
zweiundsiebzig *Adj. Num.* bāvattari *f.*
zweiundneunzig *Adj. Num.* beṇaui *n.*
zweiundvierzig *Adj. Num.* bāyālīsa *n.*
zweiundzwanzig *Adj. Num.* bāvīsa *n.*, bāvīsai *f.*
zwölf *Adj. Num.* bāra *n.*

Literaturverzeichnis

Alsdorf, L.: *Iṭṭhipariṇṇā. A Chapter of Jain Monastic Poetry.* Neudruck in *Kleine Schriften*, hrsg. von Albrecht Wezler. (Glasenapp-Stiftung, Band 10.) Wiesbaden 1974.

Ghatage, A. M.: *Introduction to Ardha-Māgadhī.* 4th ed., Kolhapur 1951; reprint Pune 1993.

Gore, N. A.: *The Uvāsagadasāo. The Seventh Anga of the Jain Canon.* (Poona Oriental Series, No. 87.) Poona 1953.

Mylius, K.: *Wörterbuch Ardhamāgadhī-Deutsch.* Wichtrach, Switzerland 2003.

Mylius, K.: *Wörterbuch des kanonischen Jinismus.* (Beiträge zur Kenntnis südasiatischer Sprachen und Literaturen, hrsg. von Dieter B. Kapp, Band 13.) Wiesbaden 2005.

Mylius, K.: *Zur Didaktik mittelindischer Sprachen.* (Beiträge zur Kenntnis südasiatischer Sprachen und Literaturen, hrsg. von Dieter B. Kapp, Band 23.) Wiesbaden 2013.

Pischel, R.: *Grammatik der Prakrit-Sprachen.* Strassburg 1900; Nachdruck Hildesheim / New York 1973.

Schubring, W.: *Übersetzung des Dasaveyāliyasutta.* Neudruck in *Kleine Schriften*, hrsg. von Klaus Bruhn. (Glasenapp-Stiftung, Band 13.) Wiesbaden 1977.

Woolner, A. C.: *Introduction to Prakrit.* 2nd ed., Calcutta 1928; 3rd rev. ed. 1939; reprint, Delhi 1996.

Index

Ablativ 18, 19
Absolutiv 31, 36
Adjektiv 31, 38
Adverb 53
Anaptyxis 12
Anusvāra 8, 11, 15, 19, 29, 51
Assimilation 12
Augment 31, 33
Avyayībhāva 39, 40
Bahuvrīhi 39, 40
Dativ 18
Deklination 17, 18, 19, 20, 21, 22, 23, 24, 25, 26, 27, 28, 29, 30
Deklination, Feminina auf *-ā* 23
Deklination, Feminina auf *-i* 21
Deklination, Feminina auf *-ī* 23
Deklination, Feminina auf *-u* 22
Deklination, Feminina auf *-ū* 24
Deklination, Masculina auf *-a* 19
Deklination, Masculina auf *-i* 20
Deklination, Masculina auf *-u* 22
Deklination, Neutra auf *-a* 20
Deklination, Neutra auf *-i* 21
Deklination, Neutra auf *-u* 22
Deklination, Nomina, die im Skt. auf *-ṛ* enden 24, 25
Demonstrativpronomina 28
Denominativum 33, 37
Dvigu 39
Dvandva 39
Futurum 34
Genitiv 17, 18
Gerundium 36
Gerundivum 31, 37
Imperativ 31, 35
Imperfekt 31
Infinitiv 31, 37
Instrumental 17
Interrogativpronomina 29
Kardinalzahlen 30
Karmadhāraya 39
Kausativum 33, 36
Komposita 39, 40
Konjugation 31, 32, 35, 36
Konjugation, Klasse I 31, 32
Konjugation, Klasse II 31, 33, 37
Konjugation, Klasse III 31, 33
Locativus absolutus 18
Lokativ 18
Magadhismus 28
Metathesis 19, 25, 28, 32
Nominativ 17
Numeralia 30, 31
Optativ 31, 36
Ordinalzahlen 29
Partizip 31
Partizip Präsens 35
Partizip Präteritum Passiv 31, 33
Passiv 37
Perfekt 31, 34
Personalpronomina 27, 32
Präfixe 37
Präposition 16, 37, 38
Präsens 31, 32, 33, 34
Präteritum 33
Prothesis 15, 49
Relativpronomina 30
Sandhi 16, 17, 19
Svarabhakti 11, 15
Tatpuruṣa 39
Vokativ 18
Zahlwörter 30, 31